자본주의 미래 보고서

자본주의

CAPITALISM

미래보고서

빚으로 산 성장의 덫, 그 너머 희망을 찾아서

마루야마 슌이치 · NHK 다큐멘터리 제작팀 지음 | 김윤경 옮김

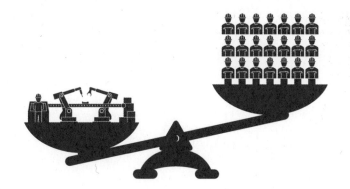

다산북스

"사람들이 그 정도로 여유가 없다면,
대체 부유함은 무엇을 위해 존재하는 걸까?"

−토마스 세들라체크

자본주의 신화, 그 너머를 상상하라

홍기빈 (글로벌정치경제연구소 소장)

위기 앞에 선 자본주의

우리는 지금까지 번지르르한 자기만족의 시대에서 살았던 것일까? 공산주의와 경쟁을 벌였던 자본주의는 최후의 승자가 되어 지난 30여 년 동안 스스로를 유일한, 또 최선의 사회 체제라고 선언했다. 이런 상황을 일컬어 누군가는 '역사의 종말'을 선언하기도 했고, 누군가는 전 지구가 자본주의 규칙에 따라 평정됐다는 뜻에서 '지구는 평평하다'고 말하기도 했다. 이러한 말들은 단순히 사이비 철학자나 저널리스트의 선정적 주장이 아니라 대단히 정교한 자기합리화의 논리 체계를 갖추고 있다. 바로 경제학이다.

모든 인간은 이기적인 동시에 늘 최상의 선택을 완벽하게 할 줄 아는 존재이며, 시장은 항상 스스로 균형을 찾는 언제나 옳은 존재라는 것, 그리고 그러한 시장의 자유로운 운동으로 경제성장을 이룰 때 세상에 평화와 진보가 찾아온다는 이론적 틀을 경제학이 닦아 온 것이다.

이러한 주장을 펼치던 이들은 오늘날 세계 자본주의가 마주한 현실을 보면서 과연 무슨 생각을 하고 있을까? 또 전 세계 곳곳에서 절대 불변의 진리처럼 위의 명제를 반복해 온 현대 경제학은 어떤 대답을 하고 있을까? 이 책《자본주의 미래 보고서》서문에서 경제학자 야스다 요스케 교수가 솔직하게 말하듯이, 완전한 오리무중에 빠진 상태라고 할 수밖에 없다. 이러한 상황 변화는 90년대 공산주의의 몰락 이상으로 극적이다. 사실 공산주의의 파산은 이미 오래전부터 분석되고 예견되었지만, 자본주의마저 역사의 최후 승자임을 선언한 지 채 20년이 못 되어 심각한 위기를 맞게 된 것은 예견하기 어려운 일이었다. 스스로 무너진 이러한 대침체Great Recession의 상태가 얼마나 계속될지, 이후에 어떤 대안이 나타날지도 종잡을 수 없다.

이 시점에서 우리가 할 일이 있다면 자본주의에 대한 맹목적 믿음을 차분히 분석해 보고 그동안 보지 못했던 것과 잃은 것들이 무엇이었는지를 되돌아보는 일이다. 자본주의에 대한 우리의 굳은 믿음은 사실 서구 근대 지성사에서 서로 다른 시기와 맥락에서 생겨난 신화가 역사적으로 누적된 '서사'에 불과하다. 그 신화들이란 바로 이 책에서 조지프 스티글리츠, 토마스 세들라체크, 스콧 스탠퍼드가 말하는 호모에코노미쿠스Homo Economicus 신화와 시장의 자기 조정 신화, 경제성장이 개인과 사회의 행복을 보장한다는 신화다. 이들은 모두 비록 과학의 외피를 둘러쓴 채 대단히 장황하고 정교한 논증을 제시하지만, 분명한 과학적 근거는 없다.

━━━━ 자본주의를 만든 세 가지 신화의 기원

먼저 첫 번째로 경제적 인간, 즉 호모에코노미쿠스 신화를 살펴보자. 대략 18세기 초에서 19세기 말에 이르는 오랜 기간에 걸쳐 형성된 이 신화의 핵심을 이루는 두 요소는 개인적 이기주의와 계산적 합리주의다. 개인이 욕심을 좇아 부를 축적하는 행태가 사회에 풍요와 활기를 불어넣는 원동력이라는 사상은 르네상스 시기에 나타나, 17세기가 되면 사회나 정치체Body Politic 또한 이렇게 자기 이익을 좇아 뛰어다니는 원자 알갱이 같은 개인들의 계약으로 성립된 것이라는 생각으로 이어진다. 바로 토머스 홉스 Thomas Hobbes 등이 주창한 사회계약설이다. 이 개념은 18세기 초 버나드 맨더빌Bernard Mandeville의 《꿀벌의 우화》가 영국과 유럽의

식자들 사이에 널리 읽히면서, 이기심이 인간의 가장 '자연적'인 본연의 모습이자 인간 본성이라고까지 치받들어진다. 게다가 19세기 초가 되면 제러미 벤담Jeremy Bentham 등 철학적 급진파에 의해 계산적 합리주의마저 보편적 세계관으로 확립된다. 세상 모든 것이 쓸모나 효용, 즉 쾌락과 고통이라는 두 요소로 환원 가능할 뿐 아니라 그 정확한 양을 측량하고 계산하는 것도 가능하다는 명제가 출현한 것이다. 예컨대 시詩나 압핀이나 우리에게 고통과 쾌락을 주는 물건이라는 점에서는 아무 차이도 없기에, 둘은 동렬에 놓고 그 가치를 계산할 수 있다. 그렇게 세상 모든 것은 파편화된 개개인이 자기 이익에 얼마나 도움이 되느냐에 따라 가치의 우열을 따질 수 있다는 신화가 생겨났다.

두 번째는 시장의 자기 조정, 즉 보이지 않는 손 신화다. 노벨 경제학상 수상자 군나르 뮈르달Gunnar Myrdal은 시장의 자기 조정에 대해 18세기 유럽인들의 대표적인 미신이라고 지적한 바 있다. 17세기 이후 종교개혁의 진통을 앓고 난 유럽인들은 신을 인격체가 아닌 자연의 작동 원리 속에 내재한 하나의 섭리로 이해하는 이성주의의 입장에 서게 된다. 우주도, 인간 세상도 신이 계획해 놓은 메커니즘에 따라 작동하는 기계일 뿐이라는 것이다. 시장의 자기 조정이라는 아이디어를 처음으로 제시한 애덤 스미스Adam Smith나 프랑스 '중농주의자들Physiocrats'도 그러한 지적 맥락에서 출현했다. 이 사상은 19세기 이후 오늘날까지의 경제사상사에서 계속 더 정교화된 논리로 발전한다. 애덤 스미스에 대한 프랑스 쪽 해설가라 할 수 있는 세^{Jean-Baptiste Say}는 수요와 공급이 정확히 똑같은 양으로 서로를 창출한다는 '세의 법칙'을 만들었으며, 19세기 말에 가면 '일반균형' 개념을 앞세운 로잔느학파 Lausanne School와 상품 세계의 자기 조절을 내세운 오스트리아학파 Austrian School가 이를 복잡한 수식과 정교한 논리로 다듬는다.

그러나 정말 그런가? 이 책에서 스티글리츠가 지적하듯, 또 오늘날 극단적인 양극화와 시장 실패가 보여 주듯, 지금까지 시장은 자력으로는 결코 사회를 바람직한 방향으로 이끌지 못했다. 자기 이익의 계산밖에 모르는 탐욕스런 개인들을 모아 놓아도 그 안에 보이지 않는 질서와 섭리가 최선의 결과를 이끈다는 것은 단지 희망 사항에 불과했던 것이다.

세 번째는 경제성장 신화다. 인구만 계속 불어나 준다면 GDP로 측량할 수 있는 경제의 총량은 영원히 불어날 뿐만 아니라 개인과 사회에 후생을 가져다주는 최상의, 또 유일한 방법이므로 산업 사회를 조직하는 핵심 원리가 되어야 한다는 것이다. 사실 19세기만 해도 성장이라는 개념은 경제학과 자본주의의 주된 관심사는 아니었고, 오히려 절약을 통한 자본축적이 강조됐다. 하지만 1930년대 대공황을 거치면서 경제성장은 순식간에 가장 뜨거운 관심사로 올라선다. 자본주의는 자본과 노동이라는 적대적인 양대 계급의 공존이 본질이라는 것이 당시의 상식이었다. 자본은 자본축적이라는 목표를 가지고 있고 노동은 최소한 완전고용과 임금 상승이라는 목표를 가지고 있는데, 이 두 개의 모순된 목표의 정면충돌이 바로 대공황이라는 것이다.

처음에는 이 막다른 골목을 뚫기 위한 방법으로 전쟁과 식민지 확보 등 제국주의적 팽창이 시도됐지만, 제2차 세계대전 이후에는 결국 지속적인 경제성장만이 이 둘의 공존을 달성하는 유일한 대책이라는 전 지구적 합의에 도달한다. 경제성장에 따라 일자리가 계속 창출하고 커진 파이의 일부를 복지로 돌려 자본가와 노동자 모두가 행복한 산업 사회를 건설하는 유일한 길이 바로 경제성장이라는 것이다. 하지만 이러한 새로운 지상 명령은 정말 옳을까? 경제성장은 정말 지속 가능하며, 또 실제로 자본가와 노동자 모두에게 행복을 안겨 주었을까?

따지고 보면 앞서 살펴본 세 가지 신화는 서로 전혀 다른 이야기들이며 함께 연결될 이유가 없다. 이기적 개인들의 계산적 행동이 자기 조정적이며 늘 최상의 사회적 결과를 가져온다는 주장은 가상의 사고 실험에서나 가능하다. 현실에 존재하는 여러 형태의 독점과 지배는 물론 국가 사이의 전쟁과 파괴로 이어지는 현상을 감안할 때 전혀 성립할 수 없다. 시장이 설령 보이지 않는 손이라는 자기 조정 메커니즘을 가지고 있다고 하더라도, 그런 시장이 영원히 성장할 수 있다는 말 또한 19세기의 신고전파 경제학자들이 들으면 대단히 의심스러워 할 이야기다.

그렇다면 이 세 가지의 주장들이 과연 오늘날 과학적으로 정당화될 수 있는지 없는지 한번 따져 보자. 시장이 과연 자기 조정 기능을 가지고 있느냐에 대해서는 칼 폴라니Karl Paul Polanyi로 대표되는 19세기 이후의 유럽 사회사 연구와 존 메이너드 케인스John Maynard Keynes와 군나르 뮈르달로 대표되는 경제학 연구가 철저하게 논파한 바 있다. 이 책에서 스티글리츠가 말하는 것처럼 "보이지 않는 손이 보이지 않는 것은 실제 존재하지 않기 때문"이라는 것이 오늘날의 상식이다.

특히 경제성장 신화는 과학적 차원에서 뿐만 아니라 당위적 차원에서도 커다란 도전에 부닥치고 있다. 우선 이 책 1장과 2장에서 말하듯이, 물질적인 차원에서의 영구적 경제성장은 객관적으로 가능한가?

사실 성장의 한계에 대해서는 지금까지 여러 차원에서 논의되었다. 영원한 경제성장이란 그에 상응하는 인적·물적 자원의 충분한 공급을 전제로 하는데, 이는 다시 말해 인구의 지속적인 증가와 핵심 천연 자원의 무제한성을 전제로 한다. 그뿐만 아니라 경제성장이라는 '엔진'이 작동하는 틀인 사회나 정치, 문화적 제도 장치 또한 언제까지나 동일한 조건으로 머무르는 것을 전제로 한다.

그러나 이러한 전제들이 실제 현실과 터무니없이 다르다는 것은 21세기 들어 더욱 명확해지고 있다. 자연 생태적 한계는 물론 인구 증가율의 정체나 감소는 거의 모든 산업 국가에 나타나는 현상이며, 경제성장에 수반되는 불평등과 실업으로 인해 사회 갈등이 심각해지면서 사회 정치적 합의 자체가 급변할 조짐도 보인다. 이러한 환경에서 과연 1960년대와 같은 성장률은 고사하고 연 4퍼센트 정도의 소박한 수준의 성장이라도 지속할 수 있는 나라가 얼마나 될지 알 수 없다.

또한 설령 가능하다고 하더라도, 이러한 영원한 경제성장은 과연 바람직할까? 자연 환경은 생산의 투입 요소로 전락하고, 인간은 그저 끊임없이 노동하고 소비하는 두 가지 활동으로만 인생을 채워야 하며, 그렇게 해서 나온 결과물은 갈수록 더 많이 자본으로 축적되어야만 한다. 자연이 파괴되고, 인간은 황폐화되고, 사회는 구역질 날 정도의 불평등과 부패, 불안정에 시달리게 될 것이다. 이것이 우리가 추구해야 할 좋은 사회, 건전한 경제라고 말할 수 있을까?

우리가 잃어버린 희망의 가능성

여기서 우리가 생각할 것이 있다. 앞선 세 개의 신화를 기둥으로 세워 이룩한 20세기 끝 무렵의 자본주의가 세계를 지배하게 되는 바람에 우리가 미처 보지 못하고 갖지 못하게 된 좋은 것들이다.

첫째, 진정한 의미의 '좋은 삶'이다. 경제란 본래 좋은 삶을 위한 살림살이라는 의미의 그리스어 '오이코노미아^Oikonomia'에서 나온 말이다. 그렇다면 진정한 의미의 경제생활을 제대로 이루기 위해서는 먼저 우리가 생각하는 좋은 삶이 무엇인지에 대해 정확히 알아야 하며, 그것을 실현하는 데 구체적으로 무엇이 어느 만큼이나 필요한지 또 그것들을 어떻게 조달할지 알아야 한다. 그런데 경제를 단지 돈벌이나 소비 활동과 동일시하는 현재의 경제 시스템에서 우리는 본래 의미에서의 좋은 삶이 무엇이며 그것을 어떻게 달성할지에 대해 생각하고 서로 논의하고 구체적 대안을 실천할 여지를 빼앗기게 되었다. 그로 인해 오늘날 우리는 세들라체크의 지적처럼 단지 소비의 행복, 소비의 자유만을 누리고 있다.

둘째, 돈벌이나 경제성장과 무관하지만 개인이나 집단에게는 몹시 소중한 여러 가치들이다. 이 책에서 말하는 것처럼 우리에게는 우정이나 사랑, 아름다움, 맑은 공기와 같은 값으로 매길 수 없는 중요한 가치들이 많이 있다. 민주주의, 사회적 연대, 사회 속에서 인간의 존엄 등 단순한 '경제적 계산'으로는 차마 평가할 수 없는 인간적인, 그리고 공공의 가치들은 일일이 다 열거할 수 없을 정도다.

셋째, 산업혁명Industrial Revolution과 기술혁신innovation이 가지고 있는 본래의 무한한 잠재적 생산성이다. 일찍이 소스타인 베블런 Thorstein Bunde Veblen이 갈파했듯이, 자본주의 체제의 영리 활동은 결코 기술적 생산성과 같은 의미가 아니다. 물론 후자가 이윤 창출에 도움이 된다면 적극적인 투자와 생산 조직을 하겠지만, 그렇지 않거나 오히려 반대라고 하면 영리 활동은 기술적 생산성을 억누르거나 심지어 파괴하기까지 한다.

이른바 4차 산업혁명 시대라고 불리는 오늘날에도 이러한 현상은 곳곳에서 엿보인다. 여러 혁신 기술을 통해 사회 관계와 생산 관계를 완전히 새롭게 조직하는 일이 가능해졌지만, 이는 어디까지나 주요 대기업의 이윤을 창출하는 방향으로만 실현된다. 그 결과 사회 경제의 전면적이면서 긍정적인 재조직이 가져올 수 있는 새로운 일자리 창출 가능성은 짓눌리고 있다.

본래 테크놀로지 발전은 사람들의 보다 나은 삶, 보다 건강한 경제와 희망적인 사회를 만드는 데 기여해야 한다. 하지만 반대로 기술혁신이 더 많이 진행된 나라일수록 언제 잘릴지 모르고 노동 시간과 조건도 불규칙하기 짝이 없는 '월급 150만 원'짜리 '프레카리아트Precariat'만 무수히 양산되는 것이 오늘날 현대 자본주의가 맞이한 현실이다.

《자본주의 미래 보고서》에서 우리가 접하게 될 이야기는 지금까지 이야기한 내용들을 풍부하게 다룬다. 이 책에서 조지프 스티글리츠, 토마스 세들라체크, 스콧 스탠퍼드 등은 솔직하면서도 날카롭게 자신의 학문적 연구와 현장에서의 경험을 전한다. 우리가 알고 있는 20세기 자본주의, 즉 이기적이고 계산적인 개인을 규범으로 한 인간관, 시장의 자기 조정에 대한 맹신, GDP로 측정되는 경제성장만을 지상 명령으로 삼는 태도는 모두 과학적으로 파탄이 나고 시대에 뒤떨어진 패러다임이다.

자본주의는 공산주의와의 경쟁에서 승리했지만, 이제 그 뒤를 좇아 과거의 역사 속으로 점점 저물어 가고 있다. 우리는 더 이상 산업 사회를 조직하는 방식이 단지 자본주의 아니면 공산주의 두 길밖에 없다고 생각하는 그릇된 이분법에 갇혀 있을 필요가 없다. 새로운 기술적·사회적 조건에 맞는 새로운 시대의 경제 시스템을 상상하면서 현존하는 결함투성이 자본주의를 과감하게 바꾸고 개혁해 나가자는 것이 세 사람의 공통된 이야기다.

그렇다면 공산주의도 자본주의도 아닌 새로운 경제 시스템은 어떤 특징을 가지고 있을까? 아직 명시적으로 나타나지 않은 미래에 대해 분명하게 말할 수는 없다. 그러나 앞에서 열거했던 것처럼 우리가 지금까지 놓치고 망각해 온 세 가지 지점을 충분히 고려해야 하는 것은 분명하다. 개인적으로는 협력과 공유를 본성으로 한 새로운 경제적 인간상을 만드는 동시에, 모두가 함께 소유하고 사용하는 공유재산Commons을 주요 거점으로 삼아 경제체제를 새롭게 재구성하는 것이 그 올바른 방향이라고 생각한다. 물론 이러한 추상적인 단어들이 구체적인 대안은 아니며, 그 단어들의 구체적 의미에 대해서도 사람마다 생각이 다를 수 있겠지만 말이다.

이 지점에서 《자본주의 미래 보고서》는 마지막 책장을 덮은 이들에게 이렇게 촉구한다. 인간과 사회에 대한 좀 더 깊은 이해를 통해 새로운 경제학을 구성하고 새로운 경제적 실천과 제도를 만드는 것이 바로 지금 여기 서 있는 우리가 손발을 움직여 실천해 나가야 할 일이라고.

물론 산업혁명 이후 사회 전체가 큰 변화를 거쳐야 했던 19세기 초반과 20세기 중반에도 그러한 과정은 결코 순탄하지 않았고 수많은 희생이 수반되었다. 하지만 오늘날에는 그와 다를 것이라고 희망한다. 이미 현존하는 자본주의는 여러 차례 심각한 내파를 겪었고, 이러한 위기들에 대한 진지하고 근본적인 회의와 성찰이 전 세계로 확산되고 있기 때문이다.

우리가 이러한 흐름을 이해하고 공감하는 동시에 더 적극적으로 서로 힘을 모은다면, 우리 앞에 놓인 시련이 아무리 크더라도 얼마든지 지혜롭게 극복해 나갈 수 있다. 이러한 새로운 희망을

상상하는 데, 이 책《자본주의 미래 보고서》는 꽤 괜찮은 길잡이
가 될 것이다.

들어가는
말

자본주의 최전선에서 말하는 현재와 미래

서브프라임 모기지론Subprime Mortgage Loan 사태와 리먼브라더스 Lehman Brothers 사태, 유럽 국가 부채 위기, 월스트리트 시위Occupy Wall Street, 마이너스 금리와 선진국들의 성장 정체 장기화 등 전문가인 경제학자들조차 예측하지 못했던 위기 현상이 최근 10여 년 사이 전 세계에 잇달아 일어났다. 심각한 경제 문제가 현실이 되면서 사람들이 기존 경제 시스템에 기대하고 있던 신뢰마저 크게 흔들리고 있다. 서점이나 언론에서도 글로벌 자본주의나 시장 원리주의를 규탄하는 목소리가 넘쳐 난다. 자본주의와 시장경제라는 커다란 체제에 날선 비판과 냉혹한 회의의 시선이 쏟아지고 있는 것이다.

2011년 월스트리트 시위 (위) 월스트리트 점거 시위에 나선 시민들.
(아래) "우리가 바로 99퍼센트다"라는 팻말을 든 시위대 청년.

이 책의 기반이 된 NHK 다큐멘터리 〈욕망의 자본주의欲望の資本主義〉의 진행을 선뜻 맡은 것은 경제 문제에 대해 사람들이 갖는 숱한 의문과 불안을 풀어 줄 다양한 해답의 실마리를 찾아내고 싶었기 때문이다. 여기서 강조하고 싶은 것은 우리가 정답이 아니라 어디까지나 실마리를 제공하는 데 초점을 맞췄다는 점이다. 교과서처럼 주류 경제학 이론만을 정답으로 규정하거나 강요하지 않고 보다 다양한 관점과 사고를 소개하려 했다. 한 사람 한 사람이 그 실마리들을 통해 자신만의 해답을 생각해 보도록 하자는 의도였다. 이를 위해 각각 다른 분야의 거장들과 대담을 나눌 때에도 '욕망'이라는 자본주의의 핵심 키워드를 의식하면서 최대한 폭넓은 시점에서 자유롭게 이야기를 풀어놓을 수 있도록 했다. 그러한 시도가 어느 정도 성공했는지는 개인의 판단에 맡기고 싶다.

그런데 다양한 관점으로 폭넓은 사고를 하는 것은 보통 사람들만이 아니라 경제학자에게도 필요하다. 이제껏 옳다고 믿었던 전통적인 경제 이론이 한계에 부딪친 것은 아닐까? 이제는 지금껏 이단이나 비주류로 인식했던 학설이나 다른 분야의 통찰에도 눈을 돌려 다양한 발상을 긍정적으로 받아들여야 하는 게 아닐까? 오늘날의 경제 위기를 지켜본 경제학자라면 누구나 이러한 의문을 갖게 되기 때문이다. 나 역시 예외는 아니다. 마음속에 울려 퍼진 의문의 목소리야말로 이 프로그램의 진행을 맡게 된 중요한

신고전파 경제학
알프레드 마샬(Alfred Marshall) 로부터 시작된 경제학. 영국 고전파의 전통인 개인주의에 입각한 자유경쟁과 자유방임을 중시한다. 정부 개입을 중시한 케인스 경제학과 함께 주류 경제학을 이루고 있다.

계기였다. 현역 경제학자로서 주류 경제학의 사고방식과 입장을 먼저 이해한 뒤, 세계적 거장들과의 대담을 통해 주류와는 다른 방향의 접근을 모색하려 했다.

이 책은 다음과 같은 내용을 다룬다. 우선 거시 경제의 구조와 장래의 전망에 관해 오늘날 경제학의 주류파인 신고전파 경제학*이 어떤 해답을 내놓고 있는지 전체적으로 살펴보고자 했다. 다시 말해 주류 이론은 과연 현실의 거시 경제 현상을 명확하게 설명하면서 자본주의 경제 시스템이나 글로벌화의 장단점을 정리하는 바람직한 경제정책을 제안할 수 있을까?

이 질문에 대한 개인적인 의견을 말하자면, 아쉽게도 신고전파 경제학은 제대로 된 해답을 제시하지 못하고 있다. 어쩌면 애초에 문제조차 직시하지 못하고 있다는 생각마저 든다. 물론 주류 경제학자들도 현실의 경제 위기를 이론에 반영하고 세세한 부분을 수정하는 작업을 착실하게 수행하고 있다. 예를 들면, 예전에는 경제 모델 분석의 배후에 감춰져 있던 금융 부문과 자산 시장을 표면에 등장시켜, 실물경제와의 상호작용을 토대로 분석하는 새로운 연구 풍토가 대표적이다.

하지만 이처럼 주류 경제학 내부에서 이루어지는 연구가 우리가 거시 경제를 깊이 이해하는 데 정말 도움을 주는지는 조금 의

심스럽다. 어쩌면 그들의 연구는 이미 파탄이 난 낡은 이론을 지키기 위해 억지 논리를 만들어 주장하는 것에 불과할지 모른다. 적어도 그들은 그런 위험성을 인지하고 있어야 한다. 과거 천동설天動說이 지배적이었던 시절에는 그 이론으로 명확히 설명할 수 없는 혹성의 불규칙한 운행 패턴이 관측될 때마다 다양한 '수정판 천동설'이 생겨났다. 하지만 우리 모두는 지동설地動說이라는 올바른 이론이 등장한 이래 그 숱한 수정판 이론들이 모두 무의미하게 사라진 것을 알고 있다.

진부해진 이론의 허점을 감추기 위한 시도는 얼핏 이론에 들어맞도록 개선하는 것처럼 보이지만, 실은 근본적인 오류로부터 눈을 돌려 낡고 잘못된 이론을 계속 고집할 위험을 내포한다. 천동설의 사례는 이러한 역사적 교훈을 잘 보여 준다. 자칫하면 경제학에서도 이와 유사한 과오가 벌어질지 모른다. 현실의 경제 현상과 들어맞는 결과를 도출하기 위해 이론적 가정을 덧붙이거나, 경제 모델의 매개 변수를 교묘하게 수정하는 일은 경제학에서 일상다반사이기 때문이다.

그러나 현상만을 근거로 하면, 신고전파 경제학을 대신해 제대로 경제 문제에 답할 수 있는 거대 이론, 즉 천동설을 대체한 지동설과 같은 체계적인 틀을 찾아볼 수 없는 것도 현실이다. 전통적 경제 이론이 교착 상태에 빠진 가운데 이 위기를 극복할 수 있는 새로운 패러다임Paradigm은 아직 발견되지 않고 있다. 게다가 과연 경제학 분야에서 지동설에 견줄 만한 다음 단계의 패러다임이 실제로 존재하는지조차 아직 보장할 수 없다.

물론 신고전파 경제학이 전체적으로는 옳은 이론이며 오류가 드러나는 부분은 꾸준하고 세심하게 수정해 나갈 수밖에 없다는 주류 경제학의 접근 방식이 옳을 가능성도 여전히 남아 있다. 다소 무책임하게 들릴지도 모르지만 무엇이 정답인지는 누구도 명확하게 알 수 없다. 이런 의미에서 지금은 경제학이라는 학문도 세계경제와 마찬가지로 깊은 무력감에 뒤덮여 있다. 하지만 이런 무력감을 타개하기 위해서라도, 이제는 신고전파 경제학 바깥에서 펼쳐지는 다양한 시도와 접촉해야 하지 않을까?

노벨 경제학상 수상자로 불평등과 맞서 싸우는 경제학의 거장 조지프 스티글리츠Joseph Eugene Stiglitz, 체코 정부에서 최연소 경제 자문으로 활약한 이색 경력을 지닌 경제사상가 토마스 세들라체크Tomas Sedlacek, 그리고 테크놀로지Technology가 가져올 미래의 가능성을 믿는 벤처투자가 스콧 스탠퍼드Scott Standford, 이 세 사람과의 대담은 다양한 가능성과의 대화 그 자체였다. 여러분도 그들의 다양한 견해에 분명 큰 자극을 받게 될 것이다. 한 사람이라도 더 많은 독자가 그들의 견해를 실마리로 현실 경제 문제에 대해 스스로 생각하고 해답을 찾아가는 항해에 나선다면 대담 진행자로서 더할 수 없이 기쁠 것이다. 개인적으로는 세계적 거장들과의 대담이라는 귀중한 경험을 통해 얻은 지적 자극과 아이디어를 바탕으로 언젠가 꼭 대안적인 거대 이론을 구축하고 싶다는 각오를 다지면서 서문을 매듭짓고자 한다.

자, 그럼 독자 여러분. 이제 욕망의 자본주의의 세계로 함께 떠나 보도록 하자.

오사카대학 경제학과 교수

야스다 요스케

차례

제1장 심화된 불평등
미래를 담보 잡은 자유라는 욕망의 실체 • 29
현대 경제학의 거장 조지프 스티글리츠

자유시장이라는 이데올로기 ㅣ 성장이 무조건 답인가? ㅣ '보이지 않는 손'은 없다 ㅣ 자본주의 경제의 지속 가능성 ㅣ 금리의 비밀 ㅣ 인구 감소에 대비하라 ㅣ 새로운 아이디어가 세상을 바꾼다 ㅣ 기술혁신이 만들 미래 ㅣ 돈보다 가치를 추구하라
[디렉터의 취재 후기] 빨간 점퍼를 입고 불평등과 싸우는 스타 경제학자

제2장 빚으로 산 성장의 대가
성장이 필요 없는 자본주의를 상상하라 • 91
유럽 최연소 경제 자문 토마스 세들라체크

최연소 경제 자문 ㅣ 다양한 시선으로 바라본 경제 ㅣ 새로운 사고방식으로 기성관념을 뒤흔든다 ㅣ 성장은 핵심이 아니다 ㅣ 핵심은 민주주의 ㅣ 장기 저성장 시대에 대비하라 ㅣ 호황에도 브레이크는 필요하다 ㅣ 애덤 스미스에 대한 오해 ㅣ 부유함이 아니라 여유가 필요하다 ㅣ 낙수효과라는 거짓말 ㅣ 금리는 음주와 비슷하다 ㅣ 빚은 언젠가 갚아야 한다 ㅣ 이자라는 맹수 ㅣ 인류의 원죄는 과잉 소비에 있다 ㅣ 산업혁명이 빼앗은 우리의 삶 ㅣ 또 하나의 금단의 열매, 인공지능 ㅣ 욕망이라는 밑 빠진 독 ㅣ 경제 위기는 계속 찾아온다 ㅣ 돈의 가치는 사람들 사이의 관계에 달렸다
[디렉터의 취재 후기] 자본주의라는 벌거벗은 임금님

CAPITALISM

제1장

심화된 불평등

미래를 담보 잡은 자유라는 욕망의 실체

| 현대 경제학의 거장 **조지프 스티글리츠** |

조지프 스티글리츠
(Joseph Eugene Stiglitz, 1943년~)

2001년 노벨 경제학상을 수상한 미국의 신케인스학파 경제학자로 전 세계를 누비며 불평등과 맞서 싸우는 현대 경제학의 거장이다. 매사추세츠공과대학(MIT)에서 '현대 경제학의 아버지'로 평가받는 1970년 노벨 경제학상 수상자 폴 새뮤얼슨(Paul Anthony Samuelson)에게 사사하며 박사 학위를 받았다.

1995년~1997년 빌 클린턴(Bill Clinton) 행정부 경제자문위원회 위원장, 1997년~2000년 세계은행 부총재를 역임했다. 26세에 예일대학교 정교수로 임용되었으며, 이후 프린스턴대학교와 옥스퍼드대학교, 스탠퍼드대학교 교수직을 맡았다. 현재 컬럼비아대학교 석좌교수로 재직하고 있다. 저서로 《불평등의 대가》, 《거대한 불평등》, 《GDP는 틀렸다》 등이 있다.

CAPITALISM

매일 시장 동향을 주시하면서 현실 경제의 현재와 미래를 생각하는 학자, 실무가, 투자가. 우리는 이들에게 "자본주의는 무엇인가?"라는 물음을 던지려 한다. 오늘날 글로벌 자본주의는 브레이크 없이 맹렬한 속도로 질주하고 있다. 하지만 그럴수록 당장 눈앞의 현실에만 휘둘리지 않고 잠시 멈춰 서서 스스로를 돌아봐야 하지 않을까? 또한 자본주의 시스템이 직면한 위기와 변화에 대한 근본적인 해결책도 그러한 물음을 통해 모색해 보자는 의도도 있다.

질문을 처음으로 던진 상대는 조지프 스티글리츠 교수다. 그는 2001년에 노벨 경제학상을 수상했으며, 전 세계적으로 꾸준 같은 제품은 통화 단위와 상관 없이 전 세계 어디에서든 같은 가격으로 판매되어야 한다는 주장이다.

히 읽히고 있는 베스트셀러 《불평등의 대가》, 《스티글리츠의 경제학》 등의 저자로도 잘 알려져 있다. 오늘날 세계 최고의 경제학자 중 한 명이다. 그런데 그의 입에서 나온 말은 정말 뜻밖이었다. "보이지 않는 손은 없다. 애덤 스미스Adam Smith는 틀렸다."

온 세상이 다 아는 '경제학의 아버지'이자, 중고등학교 교과서에도 나오는 수요공급 곡선, 일물일가의 법칙*의 이론적 틀을 만든 이의 말을 정면으로 부정하는 것이기에 한층 더 흥미롭다. 물론 이러한 비판은 스티글리츠가 노벨상을 수상하는 데 기여한 주된 연구 주제가 정보 비대칭 문제라는 점을 생각할 때, 시장의 불완전성을 이야기한 애덤 스미스 자체를 부정했다기보다는 그의 논의가 현대로 연결되는 지점의 해석에 대한 비판일 것이다. 하지만 확실히 스티글리츠의 입에서 '틀렸다(Wrong)'는 말이 나왔을 때, 우리는 논의의 한 줄기 방향성이 제시됐다는 것을 직감했다.

경제학은 사회과학의 분과 학문으로서 보다 엄밀한 과학적 방법론을 위해 물리학의 논리 구성을 본보기로 하고, 분야를 세분화해 수학적 치밀함을 추구하는 형태가 주류를 이룬다. 그러한 근대 경제학의 학문적 프레임을 무너뜨리지 않으면서 현실의 모순을 바라보는 대학자의 시각은 과연 어떻게 다를까? 그리고 프

애덤 스미스(1723년~1790년) 영국의 정치경제학자, 도덕철학자. 고전 경제학의 창시자로 근대 경제학과 마르크스 경제학의 출발점이 된 《국부론》과 도덕과 법의 기원을 설명한 《도덕감정론》을 저술했다. 사진은 스코틀랜드 에딘버러에 있는 그의 동상이다.

토마 피케티의 《21세기 자본》

2013년 프랑스의 한 경제학자가 낸 책은, 이내 전 세계를 뒤흔들며 최고의 문제작으로 떠오른다. 세계적인 경제학자이자 노벨 경제학상 수상자 폴 크루그먼(Paul Robin Krugman)과 조지프 스티글리츠가 "최근 10년 사이 전 세계에서 가장 중요한 경제학 책", "거대한 불평등이 자본주의에 내재해 있다는 것을 밝힌 굉장히 시의적절한 연구"라고 입을 모아 극찬한 책, 바로 토마 피케티의 《21세기 자본》이다.

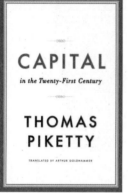

프랑스의 경제학자이자 파리경제대학 교수인 토마 피케티는 이 책에서 세계 각국의 통계 데이터를 바탕으로 소득 격차가 점점 더 심해지고 있다는 것을 실증했다. 종전까지 주류 경제학에서 널리 통용되던 '낙수효과'와 같은 개념, 즉 세계 경제가 꾸준히 성장하면 격차 문제는 자연스럽게 해결된다는 주장을 근본적으로 비판한 것이다. 피케티에 따르면 부가 늘어나면 늘어날수록 증권이나 채권, 부동산 같은 자본은 부유층에게 몰리게 된다. 그리고 이러한 자본에서 나오는 자본소득률은 지극히 예외적인 상황을 제외하면 늘 경제성장률보다 높다. 다시 말해 돈이 돈을 버는, 소수의 부자들이 부를 계속 독점하는 양극화 현상이 심해지는 것이다.

피케티는 이러한 자본주의의 속성을 '상속 자본주의'라고 강하게 비판한다. 그는 이러한 불평등을 교정해야 사회가 보다 건강하게 유지될 수 있다고 말하며, 복지 제도 강화, 자본세와 글로벌 부유세 도입을 주장했다.

랑스 경제학자 토마 피케티$^{Thomas\ Piketty}$가《21세기 자본》을 통해 제기한 격차 문제에 대한 날카로운 비판을, 오랫동안 불평등과 맞서 싸운 현대 경제학의 거장 스티글리츠는 어떻게 생각할 것인가? 그가 생각하는 격차 문제에 대한 해결책이 무엇인지 이 자리에서 확실하게 들어보고자 한다.

'경제학의 아버지' 애덤 스미스를 '현대 경제학의 거장' 스티글리츠가 비판하는 까닭은 무엇인가? 거기서 우리는 무엇을 깨달아야 할까? 산업자본주의 시대의 성장과는 분명히 다른 의미를 지닐, 우리 시대의 새로운 성장 동력은 무엇일까? 앞으로의 논의는 바로 이런 쟁점들을 다룬다.

████████ **자유시장이라는 이데올로기**

야스다 안녕하십니까, 스티글리츠 교수님. 인터뷰를 시작하는 첫 번째 질문으로 먼저 경제성장에 관해서 여쭙겠습니다. 오늘날 많은 국가가 저성장 문제로 고민하고 있는데요. 세계경제는 정말 앞으로도 성장을 지속할 수 있다고 보십니까? 아니, 그전에 원래 경제는 계속 성장해야만 하는 걸까요?

스티글리츠 질문에 대답하기 전에 저성장의 원인을 분석해 보겠습니다. 현재 세계적인 총수요*부족이 세계경제를 침체시키고 발전 속도에 제동을 걸고 있습니다. 이런 현상이 벌어지는 데에는 몇 가지 이유가 있어요.

한 가지는 중국 경제의 성장 감속입니다. 중국 경제가 '양量의 경제'에서 '질質의 경제'로 전환한 것이 세계경제에 커다란 영향을 미쳤습니다.

또한 유로화를 사용하고 있는 유로존Eurozone도 많은 문제를 안고 있습니다. 사실 저는 통화 통합이 유로존 국가의 경제성장을 저해해 왔다고 생각합니다.

게다가 좀 더 근본적인 요소가 몇 가지 있는데요. 바로 오늘날 전 세계가 안고 있는 불평등의 확산 문제입니다. 돈이 빈곤층에서 부유층으로 빨려 들어가고 있는 것이죠. 소득 대부분을 소비하는 데 써 버리는 빈곤층에 비해 부유층은 소득에서 소비가 차지하는 비율이 낮습니다. 부유층이 빈곤층의 돈을 빨아들이고 있기 때문에 소비에 사용되는 돈이 줄어들고 총수요 역시 부족해지는 것이지요. 이것이 바로 오늘날 우리가 처한 자본주의의 현실입니다.

야스다 경제성장을 저해하는 가장 근본적인 원인을 불평등 문제로 보고 계신 거군요. 그렇다면 이 문제를 초래한 구조적인 원인은 없을까요?

스티글리츠 불평등이 확대된 또 다른 요소로는 현재 많은 국가

불평등

불평등의 의미를 경제학적 측면에서 짧게 정의하면 다음과 같다. 동일노동 동일임금 원칙이 실현되지 않는 것, 부모 세대의 수입 격차가 자녀 세대에도 그대로 이어지는 것, 선진국과 개발 도상국 사이에 인프라나 자원, 경제적 풍요 같은 초기 조건에서 차이가 나는 것. 이러한 문제들은 사회적으로 계속 논의되어야 하며 반드시 조정되고 해결해야 할 문제다.

하지만 과연 무엇을 평등하게 할 것인가? 진정한 평등은 과연 무엇인가? 이러한 철학적 문답으로 파고들면 조금 복잡한 상황이 된다. "사람 위에 사람 없고 사람 밑에 사람 없다." 잘 알려진 이 격언처럼 평등은 고대 그리스 시대부터 인류가 사회 이상의 하나로 여기는 개념이다. 하지만 모든 사회 구성원들이 이를 실감하거나 체험하기는 무척 어렵다. 안타깝게도 사람은 태어날 때 자기가 살아갈 환경, 예컨대 키나 몸무게, 지능, 성별, 가정 환경 등을 스스로 선택할 수 없기 때문이다. 이처럼 의지가 반영되지 않는 상태에서는 모든 사람이 일정 부분 불평등할 수밖에 없다.

그러나 그럴수록 우리에게는 상상력이 중요하다. 자연의 평등하지 않은 상태, 바로 그 지점에서부터 무엇을 기준으로 어떻게 사회적 평등을 실현할 것인가? 이를 위해서는 세계관이나 인생관, 인간관 등 각기 다른 다양한 가치관을 고려해야 한다. 실현하기 어렵다고 생각하지 않아도 되는 것은 아니다. 실현하기 어려운 일일수록 도전하는 의지야말로 지극히 인간적인 자질이기 때문이다.

들이 테크놀로지의 변화나 시장의 글로벌화에 대응하기 위한 구조 전환의 큰 소용돌이 속에 있다는 사실을 꼽을 수 있습니다. 미국 경제는 제조업 중심에서 서비스업 중심으로 이행되고 있고, 이는 중국이나 유럽도 마찬가지입니다.

하지만 이러한 큰 변화가 시장의 힘이 독자적으로 작용한 결과에 따라 일어나는 것은 아닙니다. 거기에는 정치적 요소도 있어요. 불평등을 시정하는 데 정부가 나서지 않고, 모든 것을 시장에 맡겨야 한다는 이데올로기에 얽매인 보수 정권의 주도 아래 긴축 재정을 실시하고 있는 국가가 많다는 사실도 큰 원인 중 하나입니다. 유럽이나 미국, 때로는 일본도 포함됩니다만, 경제성장을 위해서는 적극적인 정부 지원이 중요한 시기인데도 보수파는 단지 정치적인 입장에서 세출歲出*삭감을 주장하고 있습니다.

야스다 재정을 긴축하자는 경제학자들의 주장이 잘못된 판단이라는 말씀이시군요.

스티글리츠 네. 잘못된 경제정책입니다. 불평등을 시정하고 인프라 정비와 구조 전환에 힘을 쏟는 한편, 새로운 테크놀로지를 계속 만들어 내려면 정부 지출이 꼭 필요합니다. 거시적인 관점에서도 구조적인 관점에서도 정부 지원이 반드시 필요한데도 잘못된 이데올로기가 그것을 막고 있어요. 이러한 요소가 모두 겹쳐서 총수요를 떨어뜨리고 있는 것입니다.

세출
국가나 지방 자치 단체가 한 회계 연도 동안 모든 수요에 충당하기 위해 지출하는 일체의 경비를 말한다.

첫 번째 질문에 관한 대답입니다만, 저는 우리가 맞닥뜨린 저성장 문제를 충분히 극복할 수 있다고 생각합니다. 그 점은 분명히 강조하고 싶어요. 미국이나 유럽을 비롯한 세계 각국이 지금의 긴축재정 정책에서 적절하게 재정 규모를 확대하는 쪽으로 경제정책을 전환한다면 보다 안정된 성장을 되찾을 수 있을 것입니다. 저성장은 필연이 아니라 경제와 정치의 상호작용의 결과거든요.

야스다 지금의 경제 상황을 바꾸기 위해서는 정부가 보다 적극적으로 정책을 펴는 것이 중요하다는 말씀이신가요?

스티글리츠 그렇습니다. 과거와 같은 성장을 되찾으려면 정부의 정책 전환이 반드시 필요합니다. 테크놀로지, 인프라, 교육 부문에 대한 투자를 늘리고 경제구조의 전환을 촉구해 불평등을 시정하는 데 중점을 두는 정책 말입니다. 국가마다 당면 과제는 다르겠지요. 예를 들면, 중국과 같은 신흥 시장은 환경이나 교육, 위생 분야에 좀 더 투자할 필요가 있습니다.

세계적 규모의 방대한 투자도 필요해요. 이를테면 환경 문제 같은 것 말이지요. 2015년 말에는 세계 각국 정상이 파리에 모여 지구의 평균 기온 상승을 산업화 이전 수준 대비 2도 미만으로 억제하기 위한 조약에 합의했습니다. 바로 유엔기후변화협약 당사국총회Conference of the Parties에서 채택한 파리기후협정입니다. 이 합의를 실현하기 위해서는 세계 각국의 막대한 투자가 필요합니

제21회 유엔기후변화협약 당사국총회 왼쪽부터 엔리케 페냐 니에토(Enrique Peña Nieto) 멕시코 대통령, 프랑수아 올랑드(François Hollande) 전 프랑스 대통령, 앙겔라 메르켈(Angela Merkel) 독일 총리, 미첼 바첼레트(Michelle Bachelet) 칠레 대통령.

다. 기존 경제의 적응, 화석 에너지 중심에서 새로운 친환경 에너지로의 이행, 도시 구조의 변화 등이 요구되기 때문에 막대한 투자 수요가 발생합니다.

역설적이지만 현재 미국에는 방대한 자산이 있는데도 충분히 활용하지 않고 있어요. 시민들의 총 저축액이 무려 몇 조 달러나 되는데 말이지요. 미국 연방준비제도이사회Federal Reserve Board 14대 의장 벤 버냉키Ben Bernanke도 과잉 저축에 관한 가설을 통해 같은 메시지를 던진 적 있습니다.

지금 우리에게 큰 문제는 저축의 부족이 아닙니다. 가장 문제

삼아야 할 것은 그저 모든 것을 전적으로 시장에만 맡기라고 주장하는 우파의 이데올로기적 주장입니다. 애초에 시장이 대다수의 문제를 초래한 주범이기 때문에, 단순히 시장에 맡기기만 해서는 절대 문제를 해결할 수 없어요.

야스다 교수님께서 미국 민주당이나 영국 노동당을 지지하시는 배경도 바로 그 때문인가요?

스티글리츠 그렇습니다. 세계경제가 오늘날 같은 침체 상황을 벗어나기 위해서는, 또 부유층의 부만 늘릴 것이 아니라 구성원 모두가 번영을 공유하는 사회를 실현하기 위해서는, 지금까지와는 다른 경제정책이 필요합니다. 만약 그런 정책이 한 국가에서 성공할 수 있다면 다른 국가들도 이를 본받아 성공 가능성을 높일 수 있겠지요.

그런데 만약 지금 세계 각국이 세금 인하 경쟁을 시작한다면 어떨까요? 모두 함께 무너지고 말 것입니다. 그러한 사태를 막기 위해 저는 세계 각국 정부와 협력하거나 혁신 운동에 관여해 모두가 같은 목표를 향해 나아가는 상승효과를 이끌어 내기 위해 애쓰고 있습니다.

"세계경제가 오늘날 같은 침체 상황을 벗어나기 위해서는
지금까지와는 다른 경제정책이 필요합니다."

야스다 '세계경제가 성장을 지속할 수 있을까?'라는 질문에 대한 교수님의 대답은 '그렇다'였습니다. 즉, 일본 경제를 포함해 전 세계적으로 저성장 국면에 들어선 현재 경제 상황이 자본주의의 종말을 고하는 징후는 아니라는 말씀이시군요.

그러면 이번에는 두 번째 질문으로 가 보겠습니다. 원래부터 경제는 성장을 지속해야만 하는 것일까요? 경제성장 자체에 대해서, 그러니까 성장이 정말 좋은 것인지 나쁜 것인지에 대한 의견을 듣고 싶습니다. 또 경제가 성장하지 않아도 자본주의 시스템이 유지될 수 있다고 생각하시는지요?

경제 성과와 사회 진보 측정 위원회
2008년 세계금융위기 이후 만들어진 기구로 위원장 스티글리츠, 1998년 노벨 경제학상 수상자 아마르티아 센(Amartya Sen) 등이 설립했다. GDP 지수 중심의 경제정책을 비판하면서, 삶의 만족도, 평균 수명, 에너지 소비량 등의 지표를 취합한 GNH(국민총행복) 지수를 개발했다.

GDP(국내 총생산)
일정 기간 동안 한 국가 안에서 모든 경제 주체, 즉 가계와 기업, 정부 등이 생산해 낸 재화와 서비스 가치를 모두 합친 수치다.

스티글리츠 경제성장에 대해 논의할 때는 먼저 성장의 정의를 확실히 해 둘 필요가 있습니다. 그렇지 않으면 제대로 된 논의를 할 수가 없으니까요.

제가 대표를 맡고 있는 '경제 성과와 사회 진보 측정 위원회The Commission on the Measurement of Economic Performance and Social Progress'의 대표적 주장 중 한 가지는 많은 사람이 맹신하는 것처럼 GDP Gross Domestic Product가 한 사회의 경제 성과를 제대로 측정하는 데 적합한 지표가 결코 아니라는 점입니다. GDP는 환경오염과 자원 고갈, 부의 분배 방법과 그 지속성을 고려하지 않는 등 한계 역시 분명하거든요.

앞으로는 성장의 본질을 바꿔 나가야 합니다. 천연자원을 제한 없이 소비하고 이산화탄소를 대량으로 배출하는 지금의 물질 지상주의 경제에는 지속될 수 없습니다. 그런 식의 성장은 영원할 수 없어요.

야스다 그렇군요. 그렇다면 오늘날 지속적으로 성장할 수 있는 부분에는 어떤 것들이 있을까요?

스티글리츠 물질적인 성장은 불가능하지만, 다른 형태의 성장은 얼마든지 가능합니다. 이를테면 환경에 미치는 악영향이 훨씬 적은 서비스 산업 분야에서의 성장 같은 것이지요. 자동차 산업이나 다른 제조업처럼 환경을 파괴하지 않아요.

또 한 가지 강조하고 싶은 것은 바로 미국이나 유럽, 그리고 일본이나 한국 같은 경제 강국에서 소위 '표준적'인 삶을 살고 있는 우리들이 잊지 말아야 할 점입니다. 이 세상에는 우리가 생각하는 표준적인 생활수준에 이르지 못한 사람이 상당히 많다는 사실을 명심해야 해요. 그들의 생활수준을 끌어올리기 위해서는 경제가 물질적인 면에서 더욱 성장할 필요가 있습니다. 공평한 세상을 실현하기 위해서라도 그들의 경제성장은 절대적으로 필요합니다.

그런데 만약 소득이 대폭 증가한다는 전망 없이도 힘차고 활력에 찬 경제를 유지할 수 있는지를 묻는다면, 제 대답은 '그렇다'입니다. 성장은 그 자체로 목적이 될 수 없습니다. 소득 증가 전망이 없는 상황에서도 기술혁신을 통해 새로운 오락거리를 만들 수도 있고 환경 보호 문제를 진전시킬 수 있습니다. 새롭고 혁신적인 아이디어로 변화에 도전하는 거죠.

그러니까 야스다 씨가 말하는 성장이 물질적인 성장을 말한다면, 앞으로도 그런 식의 경제성장을 지속해야 한다는 사고는 틀렸다고 대답하겠습니다. 하지만 성장을 단순히 물질적 의미로만 한정하지 않는다면, 소득이 대폭 증가한다는 전망 없이도 힘차고 활력 있는 사회와 경제를 유지하는 일은 가능합니다. 시장경제, 자본주의 체제 안에서도 얼마든지요.

야스다 물질적 성장이 아닌 다른 차원의 성장을 고민해야 한다는 말씀이시군요.

스티글리츠 그렇습니다. 지금의 시장경제는 뒤틀려 있습니다. 그 뒤틀린 부분들을 바로잡아 올바른 방향으로 이끌어야 합니다. 예컨대 자신들의 잘못된 판단으로 부실 위험에 처한 은행을 정부 자금, 그러니까 세금으로 구제하고 그 책임을 사회가 떠안는다거나, 이익 대부분을 특정 집단이 독차지하고 사유화하는 행위는 진정한 자본주의가 아닙니다.

예컨대 현재 많은 국가에서 자동차 제조업자나 전력 회사는 환경오염 대책에 대한 비용을 거의 부담하지 않고 있습니다. 이런 상태를 자유시장경제라고 말할 수는 없어요. 오염 대책에는 당연히 사회적 비용이 듭니다. 그 비용을 환경오염을 만드는 당사자인 기업이 지불하지 않는다면, 이는 정부로부터 따로 보조금을 받고 있는 것이나 다름없지요.

비슷한 맥락에서 많은 제조업자는 이미 전 세계 각국 정부로부터 보조금을 받고 있습니다. 기업에 대한 정부의 보조금 지급은 그들이 그토록 내세우는 자유시장경제와는 완전히 반대되는 개념이지요.

또한 명시적인 것 외에 숨겨진 보조금도 있습니다. 표면에 드러나지 않은 다양한 종류의 보조금 말이죠. 제가 목표로 하는 사회적 가치를 적절하게 반영한 '진정한' 시장경제는 현재의 이러한 시장경제와는 완전히 다릅니다.

하지만 여기서 분명히 해 두어야 할 것은, 전 세계 사람들을 모두 최저한도의 생활수준 이상으로 끌어올리기 전까지는 물질적인 면에서의 경제성장도 꼭 필요하다는 사실입니다. 물론 그 일을 완수한 다음에 어떤 사회 형태를 목표로 할지는 국내뿐 아니라 국제적 논의도 필요하겠지요.

야스다 교수님께서 목표로 삼아야 한다고 말씀하신 사회 말씀인데요, 특히 요즘 젊은이들 사이에서는 소비욕이나 물질주의에 대한 사고방식이 이전 세대와는 상당히 달라졌다고 합니다. 이를

공유경제
개인 소유의 제품이나 서비스를 공유해 여럿이 함께 사용하는 협력 소비 경제. 대표 기업으로 에어비앤비(Airbnb), 우버(Uber) 등이 있다.

거품경제
부동산, 주식 등 자산 가격이 투기에 의해 실물경제 성장 속도 이상으로 부풀려진 과잉 인플레이션 상태를 말한다. 거품이 지속되면 자산가가 폭등해 구매량이 공급량에 비해 한참 떨어진다. 이는 결국 자산 가치 폭락으로 이어져 경제 전체가 디플레이션을 겪는 거품 붕괴 현상으로 연결된다. 사례로 1929년 세계 대공황, 1990년대부터 이어진 일본의 잃어버린 20년 등이 있다.

테면 공유경제Sharing Economy*의 확산 현상이 나타나고 있어요. 이처럼 사람들의 욕구라든지 욕망이 바뀌어 가는 것은 어떻게 생각하십니까?

스티글리츠 사람들의 인식이 정말 바뀌고 있다면 당연히 환영할 일입니다. 사실 물질 소비가 어느 수준에 이르고 필요 이상의 물건에 둘러싸이게 되면 사람들의 욕구나 욕망 역시 변화하는 것이 당연하겠지요.

제가 아는 젊은 세대들은 환경 파괴나 사회 정의 문제도 많이 고민하고 있습니다. 그들은 월스트리트에서 일하며 큰돈을 벌기보다는 사회를 바람직한 방향으로 이끌 수 있는 직업을 갖고 싶어 해요. 아마도 많은 선배들의 모습을 보았기 때문일 것입니다. 월스트리트에서 일하면서 과연 무엇을 얻었으며, 사회에는 어떻게 공헌했는지를 깊게 고민하는 이들, 자신이 원한 것이 결국 거품경제Bubble Economy*를 초래해 타인의 인생을 파멸시키지는 않았는지 진지하게 되돌아보는 선배들의 모습을 반면교사로 삼은 것이죠. 저는 이들의 모습에서 미래를 낙관하고 있습니다.

야스다 거품경제에 대해 언급하셨는데요. 금융시장의 역사를 되짚어 보면 지금까지 여러 번 거품이 생겨나고 붕괴되었습니다.

이러한 거품경제의 위기를 피하기 위해 경제학자가 할 수 있는 일이나 제안할 수 있는 일은 없을까요?

스티글리츠 저는 경제학자들에게 이제 제발 나쁜 일은 하지 말라고, 더 이상 사회에 해악을 퍼뜨리지 말라고 조언하고 싶습니다. 2007~2008년 세계금융위기 그러니까 서브프라임 모기지론 사태나 리먼브라더스 사태가 일어나기 전까지 경제학자들은 사회에 해를 퍼뜨리는 일을 많이 해 왔습니다. 수많은 경제학자들이 '시장에는 자기 조절 기능이 있다'라든지 '거품은 걱정하지 마라, 시장을 계속 신뢰하라'와 같은 주장을 반복했어요. 미국연방준비제도이사회 의장을 포함한 다수의 경제학자들이 그렇게 말했지요.

물론 노벨 경제학상을 받은 저의 경제 이론을 비롯한 다른 경제 이론들, 방대한 증거와 연구 결과, 그리고 역사적 경험은 모두 그런 주장을 비판하고 부정하고 있습니다. 사실 그들의 잘못된 생각은 이미 예전부터 증명되었던 것입니다. 하지만 사람들은 자기 이익의 추구 같은 이데올로기가…….

야스다 '호모에코노미쿠스'말씀이지요?

스티글리츠 맞아요. '호모에코노미쿠스'라고 말합니다. 자기 이익을 추구하는 경향이 지나치게 강하다 보니 이론이나 증거, 역사를 무시하게 됩니다. 그들은 자기 주장을 마치 종

> **호모에코노미쿠스**
> '경제인'이라고 한다. 애덤 스미스는 모든 인간이 합리적 소비를 추구한다고 가정했는데, 이는 고전 경제학의 기본 전제가 되었다.

교처럼 믿고, 경제와 사회가 실제로 어떻게 기능하는지는 무시하고 말았어요. 그로 인해 우리는 크나큰 대가를 치른 거고요.

2008년 세계금융위기 당시를 한번 생각해 봅시다. 정작 위기를 초래했던 부패한 은행가들은 막대한 정부 보조금을 손에 넣은 채 도망쳤습니다. 반면에 수없이 많은 시민들의 생활은 파탄이 났습니다. 시민들은 그런 상황을 방치한 미국 정치권에 강한 분노를 드러냈지요. 그 가장 대표적인 움직임이 바로 월스트리트 시위였습니다.

하지만 시장이 정상 기능을 다할 수 있는 방법을 상세하게 연구한 경제학자도 있습니다. 부의 독점을 방지하고, 시민들이 과도한 위험을 무릅쓰거나 약탈적 대출을 받는 것을 피해, 금융시장에 만연한 부정 방지 대책을 모색하는 연구들 말이지요. 물론 거품이 되풀이해서 발생하는 이유를 설명할 수는 있어도, 그것을 완전히 사라지게 하는 일은 불가능할지 모릅니다. 그렇지만 적어도 경제가 커다란 위기에 빠질 위험성을 줄이고 위기 강도를 억제해 파멸에 내몰리는 피해자를 최소화할 수는 있겠지요.

"현재의 시장경제는 뒤틀려 있습니다. 이익 대부분을 특정
집단이 독차지하는 행위는 진정한 자본주의라고 할 수 없습
니다."

월스트리트 시위

2011년 9월 17일, 미국과 세계 금융시장의 중심지인 월스트리트에 하나둘 사람들이 모이기 시작한다. '월스트리트를 점령하라!' '1퍼센트 대 99퍼센트' '우리가 바로 99퍼센트다' 등의 문구가 쓰인 피켓을 든 군중은 시간이 지날수록 그 규모가 커지기 시작했다. 바로 월스트리트 시위다.

시위에 불을 지핀 것은 월스트리트 금융 회사들의 도덕적 해이 문제였다. 2007년 서브프라임 모기지론 사태로 야기된 2008년 리먼브라더스 파산 이후, 미국 정부는 금융 회사들의 도산이 경제에 미칠 영향을 우려해 구제 금융 자금 투입을 결정한다. 하지만 이 자금은 회사를 회생하는 데 쓰인 것이 아니라 금융 회사 경영진들의 보너스로 탕진되고 말았다. 그 액수만 무려 200억 달러에 달했는데, 대다수 미국 시민들이 실업난과 주택난 등 극심한 어려움을 겪고 있는 것과 대조되는 장면이었다.

SNS를 중심으로 계획되고 확산된 이 시위는 그해 10월 이후 유럽과 아시아 등 전 세계 82개국 900여 개 도시로 확산되면서, 경제 불평등 문제가 단지 미국만의 현상이 아니라 전 세계적 현상이라는 것을 증명했다. 이 시위는 비록 뚜렷한 목표를 갖고 대안을 제시하지는 못했지만, 극심한 빈부격차 문제를 해결 못하고 있는 현대 자본주의 체제에 대한 근본적인 의문을 던졌다는 점에서 큰 의의가 있다.

야스다 짧게 설명하시기 어려운 질문일지 모르겠습니다만, 한 가지만 여쭙겠습니다. 원래 자본주의는 어떻게 생겨났습니까?

스티글리츠 현재의 시장경제 시스템은 어느 날 갑자기 태어난 것이 아니라 진화를 거듭해 왔습니다. 앞으로도 계속 진화하겠지요. 수백 년, 수천 년 전의 시장경제는 매우 단순했어요.

가장 큰 전환점은 18세기 중후반에서 19세기 초에 일어난 산업혁명이었습니다. 이전까지 토지나 영주에 속박되어 자기 삶을 변화시키는 것이 불가능하다고 여기던 사람들이 계몽되었습니다. 노력에 따라 긍정적인 방향으로 얼마든지 변화할 수 있다고 생각이 바뀐 것이죠. 과학적 방법을 이용하면 생산성을 높이고 생산 체계와 생산 방법을 바꿀 수 있다고 생각하기 시작했어요. 과학과 기술은 오늘날에도 자본주의 체제를 지탱하는 중요한 두 개의 축입니다.

이 다이너미즘Dynamism*에 따라 가내 수공업으로 만든 물품이나 농작물을 매매하던 원시 시장경제에서 대기업일수록 유리한 '규모의 경제', '범위의 경제'로 진화했습니다. 이는 21세기에 접어들어 기술혁신이 원동력이 되는 경제로 한층 더 발전했지요. 21세기의 경제와 18세기의 경제 상황은 완전히 달

> **다이너미즘**
> 역학관계라고도 한다. 어떤 본질의 구조를 이루는 인과관계를 일컫는 말이다.

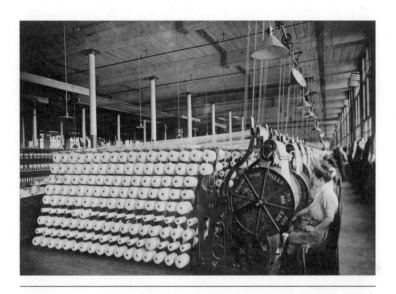

산업혁명 18세기 중엽 영국에서 시작되어 전 세계로 확산된 방대한 사회 경제적 변화로 공업화와 기술혁신, 도시화, 자본주의 체제의 확산 등을 낳았다. 사진은 산업혁명의 대표 상징물 중 하나인 방적기다.

라졌습니다.

야스다 18세기의 이론으로 21세기의 경제를 설명할 수는 없다는 말씀이군요.

스티글리츠 네. 그래서 저는 근대 경제학의 아버지로 불리는 애덤 스미스를 강력하게 비판하고 싶습니다. 너무나도 많은 경제학자가 애덤 스미스에게 지나치게 의존하고 있습니다. 그는 개개인의 자기 이익의 추구가 마치 '보이지 않는 손'처럼 사회 전체를 바람직한 방향으로 이끈다고 주장했습니다.

하지만 그가 책을 쓴 시기는 자본주의가 아직 본격적으로 내달리기 전이었어요. 그의 주장이 근대 계몽 시대의 한 축을 담당한 것은 분명합니다. 하지만 당시에는 거대 기업도 없었습니다. 동인도 회사를 비롯해 큰 상사가 몇 개 있기는 했지만, 오늘날과 같은 형태, 특히 제조업 분야 대기업은 없었어요.

그러므로 애덤 스미스가 현대 자본주의의 작동 원리까지 이해했다는 생각은 오류입니다. 당대에 존재하지도 않았던 사건이나 현상을 모두 이해한다는 것은 불가능하니까요. 경제적 유인Incentive의 역할에 관한 그의 통찰은 매우 중요합니다만, 현대 자본주의를 이해하려면 연구개발의 사회적 성과와 기술혁신이 만들어 낸 경제구조까지 알아야 하지요.

야스다 그렇다면 자본주의의 주요 동력은 무엇일까요?

스티글리츠 경제학자가 경제적 유인이라 부르는 자기 이익의 추구는 시장경제라는 개념의 핵심을 이루고 있습니다. 다만 지금 말한 자기 이익의 추구가 '보이지 않는 손'과 같이 사회를 이로운 방향으로 이끈다는 애덤 스미스의 250년 전 주장은 틀렸다는 것을 알 수 있습니다.

제가 컬럼비아대학교에서 브루스 그린왈드Bruce Greenwald 교수와 함께 연구한 결과, '보이지 않는 손'이 우리 눈에 보이지 않는 이유는 그것이 실제 존재하지 않기 때문이었습니다. 시장은 자력으로는 결코 사회를 바람직한 방향으로 효율성 있게 이끌 수 없습니다. 따라서 정부가 나서서 올바른 방향으로 경제적 유인을

보이지 않는 손

누구나 한 번쯤은 들어본 적 있을 이 말은 '자본주의의 아버지' 애덤 스미스가 《국부론》에서 처음 사용한 말이다. 시장에서는 누구나 자기 이익의 최대화를 목표로 움직인다. 이때 보이지 않는 손에 의해 수요와 공급의 교차점에서 형성되는 가격이 바로 시장의 적정가이며, 사회 전체의 이익과도 연결된다. 물론 일정한 조건만 충족된다면 말이다. 모두가 제멋대로 자기 욕망을 만족시키려 하는 활동이 공공의 이익으로도 연결된다는 말이 옳다면 이보다 더 근사한 일은 없다. 이러한 발상이 자유시장 원리에 근거와 권위를 부여했다. 오늘날 애덤 스미스가 '자본주의의 아버지'로 불리는 이유다.

하지만 그러한 이해가 결과론에 불과하다는 견해 또한 부정할 수 없다. 실제로 애덤 스미스는 《국부론》에서 겨우 단 한 번 이 말을 꺼냈을 뿐이다. 게다가 또 다른 저서 《도덕감정론》에서 그는 토마스 홉스 등 근대 사상가들이 국가와 사회 질서의 성립 근거를 인간의 이기적 본성으로만 설명하는 것을 비판하면서, 영국의 철학자 데이비드 흄(David Hume)이 주장한 사람과 사람 사이의 '공감(empathy)'의 중요성을 강조했다. 더욱이 애덤 스미스가 책을 쓴 것은 산업혁명 이전이었다. 오늘날 금융 공학의 놀라운 발전 양상과 매일 인터넷상에서 방대한 상거래가 이루어지는 상황을 절대 알 리 없는 시대였다.

그렇다면 애덤 스미스의 진짜 뜻은 어느 쪽이었을까? 분명히 알 수는 없지만, 적어도 그가 말하는 자유가 자신의 욕망만을 최대화하면서 떳떳치 못한 마음의 면죄부로 이용되는 용도의 개념은 아닐 것이다.

제공해야 합니다.

현재 경제학에서 이익을 추구하는 분야는 전체의 극히 일부에 지나지 않습니다. 비정부기구^{Non Governmental Organization}도 시민 사회도, 그리고 정부도 이익을 추구하지는 않습니다. 사람들이 비정부기구에서 일하는 이유는 사적 이익을 추구하기 위해서가 아니라, 사회에 공익적인 기여를 하기 위해서잖아요. 난민이나 자국의 빈곤한 사람들을 돕기도 하고 그들의 교육에도 관여하지요. 선진국에서는 이러한 형태의 활동을 하는 시민 사회가 크게 성장하고 있습니다. 이 점은 반드시 주목해서 봐야 합니다.

야스다 그렇군요. 교수님께서 생각하시는 선진국 시민 사회에서 가장 중요한 역할을 하고 있는 대표적인 기관을 몇 가지 꼽을 수 있을까요?

스티글리츠 자본주의라든지 시장경제라는 말을 사용할 때, 때때로 우리는 단순하게 인식하기도 하고 일부분에만 초점을 맞추기도 합니다. 하지만 예를 들어 봅시다. 오늘날 미국에서 가장 강력한 기관은 어디일까요? 다른 나라보다 훨씬 뛰어난 기관 말입니다. 많은 사람이 동의할 거라고 생각하는데, 저는 바로 대학이라고 생각합니다. 대학은 무수한 아이디어의 근원지입니다. 미국이 첨단 기술 분야에서 세계를 이끌고 있는 것도 무엇보다 대학이 앞장서 나가고 있기 때문입니다. 새로운 아이디어의 상당수는 대학에서 창출되고 있으니까요. 그런데 우수한 대학은 대개 비영리 사립이나 공립입니다. 그들은 이익만을 추구하지 않아요.

19세기와는 달리 21세기의 자본주의에서는 대학이 시장경제의 일부로서 매우 중요한 역할을 하고 있는 것이지요. 제가 논문을 쓰는 이유가 돈 때문이라고 생각하시나요? 그렇지 않습니다. 제게 중요한 것은 의미 있는 아이디어의 추구입니다. 그리고 제가 생각하는 사회 정의를 실현시키기 위해 그 아이디어를 유용하게 쓰는 일이지요.

"애덤 스미스의 시대에는 거대 기업도 없었습니다. 현대 자본주의의 작동 원리를 모를 수밖에 없습니다."

━━━━━━   **자본주의 경제의 지속 가능성**

야스다 최근 전 세계 금리 동향을 보면 많은 선진국이 초저금리 상태에 있고, 그 외 국가들도 금리를 점점 낮추는 경향이 있습니다. 일본의 중앙은행인 일본은행日本銀行도 마이너스 금리 정책을 도입했지요. 이러한 동향을 카를 마르크스Karl Marx가 제창한 '이윤율 경향적 저하 법칙'*에 적용시켜 자본주의의 종말

> **이윤율 경향적 저하 법칙**
> 영국 경제학자 데이비드 리카도(David Ricardo)의 '이윤율 저하 법칙'을 마르크스가 잉여가치와 연결해 설명한 이론. 생산력 발전에 따라 평균 이윤율은 자연스레 저하되며 자본가는 이를 노동계급에 대한 착취로 상쇄하려 한다. 자연스레 사회적 갈등이 심화되는데, 마르크스는 이러한 과정을 통해 자본주의가 붕괴할 것으로 여겼다.

카를 마르크스(1818년~1883년) 독일의 공산주의 혁명가, 역사학자, 경제학자, 사회 철학자. 자유방임주의를 주창한 당대 자본주의의 가장 강력한 비판자로서 공산주의 이론을 체계화했다. 정치, 경제, 사회, 문화 방면은 물론 다양한 학문 분야에 지대한 영향을 끼쳤다. 주요 저서로 《독일 이데올로기》, 《공산당 선언》, 《자본론》 등이 있다.

을 알리는 징조라고 주장하는 경제학자도 있습니다. 이러한 견해에 대해서는 어떻게 생각하십니까? 그리고 자본주의 체제가 앞으로도 지속 가능하다고 생각하시는지요?

스티글리츠　시장경제는 앞으로도 지속 가능하다고 생각합니다. 문제는 정치입니다. 정책은 시장경제의 형태를 만드는 데 크게 관여하기 때문이지요. 약 30여 년 전부터 미국을 비롯한 세계 각국에서 시장경제의 규칙을 새로 고쳐 쓰기 시작했습니다. 안타깝게도 불평등을 점점 더 확대하는 방향으로 나아가고 말았지요. 뿐만 아니라 시장경제의 효율성을 악화시키고 생산성 저하도 야기했습니다. 사람들을 그저 눈앞의 일에만 몰두하게 만들었기 때문입니다.

아까 말씀드렸듯이 우리는 한편으로 지구 온난화 대책이나 사회적 인프라, 교육, 테크놀로지 등 여러 분야에 대한 방대한 사회적 투자 요구에도 대응해야 하고, 다른 한편으로 과잉 저축 문제에도 대처해야 합니다. 바로 이 두 가지 사이에 금융시장의 그림자가 존재하는 거죠. 시장 조작, 착취, 약탈적 대출, 부당한 신용카드 수수료 같은 악습으로 모두가 눈앞의 이익만을 좇는 상황이 금융시장에서 벌어집니다.

즉, 장기적인 투자 수요와 큰 금액의 저축이 있는데도 현재의 금융시장은 눈앞의 일에만 기를 쓰느라 기능 상실 상태에 빠져 있어요. 이러한 현상이 바로 오늘날 시장경제가 초래한 결정적

변화 중 한 가지입니다.

야스다 그렇다면 그런 문제를 해결할 수 있는 대안으로는 어떤 것들이 있을까요?

스티글리츠 대안을 이야기하기 위해서는, 먼저 문제가 시장경제 자체에 있는 것이 아니라 우리가 시장경제의 기본 설계를 잘못한 데 있다는 것을 깨달아야 합니다. 이 문제에 대해서는 제 책《경제 규칙 다시 쓰기》에 상세하게 기술해 두었습니다.

우리는 이제 규칙을 다시 바꿔 써야 합니다. 오늘날 시장경제가 처한 문제점들을 해결하기 위해서는 구성원 모두가 번영을 함께 나누고, 문화와 예술 등 사회 다방면에서 성장하며, 부의 공평한 분배를 지향하는 방향으로 나아가야 하는 것이지요. 충분히 실행 가능한 목표라고 믿고 있습니다.

오늘날 인구의 1퍼센트, 또는 0.1퍼센트를 차지하는 최고 부유층의 생활은 분명 더 풍요로워졌습니다. 하지만 중산층이나 저소득층은 어떨까요? 미국의 계층별 소득을 인플레이션 수치를 감안하여 분석한 자료를 보면, 놀랍게도 중산층 중에서 풀타임으로 일하는 노동자들의 수입은 40년 전보다 오히려 낮아졌습니다. 또한 저소득층은 무려 60년 전보다도 더욱 가난한 삶을 살고 있어요. 모두 빚으로 연명하고 있지요. 왜 이런 일이 발생한 걸까요? 그 이유는 바로 지금까지 우리가 올바른 시장경제 규칙을 만드는 데 실패했기 때문입니다. 상위 1퍼센트를 차지하는 사람들에게 시장을 점령당한 결과예요. 부유층이 자신들에게 유리하도록 나머지 99퍼센트의 사람들을 희생시키는 형태로 시장경제의 규칙을 바꾼 거지요.

야스다 오늘날 세계 각국의 저금리 상태가 길어짐에 따라 자본주의의 장래를 걱정하는 목소리도 점점 더 높아지고 있습니다. 이제는 더 이상 투자도 성장도 기대할 수 없는 것이 아닌가 하는 불안의 목소리 말입니다. 교수님은 이 문제에 대해 어떻게 생각하십니까?

스티글리츠 현재의 취약한 세계경제를 국제통화기금International Monetary Fund은 '뉴노멀New Normal'●이라고 표현하고 있습니다. 저는 이를 '대침체'라고 부르고 있지요.

우리는 금리를 너무 수동적인 관점에서 보고 있어요. 확실히 금리는 현재의 경제 상황을 나타냅니다만, 지금은 금융시장이 전반적인 기능 부전에 빠져 있는 상태입니다. 재정 정책을 펴서 생산성 높은 투자를 감행한다면 경제를 자극할 수 있을 겁니다. 자연 이자율이나 수익률이 대폭 상승해 선순환을 만들어 낼 수도 있지요. 하지만 안타깝게도 우리는 우파 이데올로기에 사로잡혀 그렇게 하고 있지 않습니다. 악순환에 빠져 있는 상황인 거지요.

> **뉴노멀**
> 세계경제에서 저성장, 저금리, 저물가, 고실업률 등이 새로운 표준이 되었음을 뜻하는 말이다.

"이제 자본주의의 규칙을 다시 바꿔 써야

합니다. 사회 구성원 모두가 번영을 함께 나누고, 부의 공평한 분배를 지향하는 방향으로 나아가야 하는 것이죠."

금리의 비밀

야스다 금리에 대해서 더 여쭤보고 싶습니다. 일반적으로 투자에 대한 경제적 유인은 금리에 의해 조정되고 있습니다. 하지만 마이너스 금리는 그렇다 치더라도, 우리에게는 옛날부터 금리가 악이라는 견해가 있습니다. 셰익스피어^{William Shakespeare}의 《베니스의 상인》에서도 악으로 그려졌죠.

반면 케인스처럼 금리는 투자를 촉진해 경제를 성장시키는 열쇠라고 주장하는 경제학자도 있습니다. 이처럼 금리에 대한 다양한 관점이 있는데요. 교수님께서 갖고 계신 금리에 대한 생각을 들려주시겠습니까?

스티글리츠 케인스를 비롯한 많은 근대 경제학자들은 조정 기능으로서 금리의 역할을 지나치게 강조하고 있어요.

금리는 결국 빚의 대가입니다. 중소기업은 금리보다 신용을 얻는 것이 중요합니다. 물론 마이너스 금리가 되면 모두 융자를 받겠지만, 금리가 극단적으로 높아지면 경제 전체가 위축될 겁니다.

정치와 경제 현상에 대해서는 금리를 한층 끌어내릴 수만 있다면 경제가 자연스레 회복될 거라는 의견이 있습니다. 경제학자들은 이것을 '제로 금리 제약'이라고 부르죠. 경제 침체의 이유가 금리에 하한선이 있기 때문이라는 주장인데, 저는 이 주장이 옳지 않다고 생각합니다. 단순히 빚으로만 쌓아 올린 부는 반드시 흔들립니다. 빚은 언젠가 갚아야 하니까요. 어쩌면 막대한 이자까지 더해서요.

존 메이너드 케인스(1883년~1946년) 영국의 경제학자. 완전고용을 실현하고 유지하기 위해서는 자유방임주의가 아닌 정부에 의한 적극적인 공공지출이 필요하다고 주장했다. 그의 주장은 1929년 대공황 이후 각광을 받으며 미국의 뉴딜 정책의 이론적 지침이 되기도 했다.

야스다 그렇다면 우리가 금리를 유용하게 다루기 위해서는 어떻게 대처해야 할까요?

스티글리츠 경제에서 중요한 것은 실질 금리, 즉 물가 상승률을 감안한 금리입니다. 오랜 기간 미국의 실질 금리는 마이너스 1퍼센트에서 마이너스 2퍼센트 정도였는데, 제 추측으로는 마이너스 3퍼센트에서 마이너스 5퍼센트까지 내려간다고 해도 큰 영향이 없습니다. 약간 더 투자가 촉진될지는 모르지만요. 진짜 문제는 마이너스 금리가 아니라 중소기업이 자금을 조달할 수 없다는 데 있습니다.

만약 정부가 마이너스 2퍼센트 내지 마이너스 4퍼센트의 금리로 자금을 빌린다고 해도 전체적인 경제에 영향을 미치지는 않을 것입니다. 현재 미국의 대기업이 보유한 현금 총액은 2조에서 3조 달러에 이릅니다. 그들이 투자를 하지 않는 이유는 금리 때문이 아닙니다. 제품 수요가 없기 때문이지요. 또한 미국 내에서 생산하기보다는 외국에서 생산하는 편이 비용이 저렴하기 때문이고요.

야스다 쉽게 해결할 수 있는 문제가 아니군요.

스티글리츠 그렇습니다. 이런 문제는 대국적인 관점에서 고찰해야 합니다. 다시 말하지만, 지금 미국뿐만 아니라 전 세계적으로 필요한 것은 총수요의 확대입니다. 그것을 실현하는 방법의 하나가 투자인 거지요. 사람, 인프라, 테크놀로지에 대한 투자, 그리고 지구 온난화 대책에 따른 사회구조 전환에 대한 투자입니다.

야스다 오늘날 경제학자를 비롯해서 많은 사람이 투자에 대한 조정 기능으로서 금리의 역할을 지나치게 확대 해석하고 있다는 말씀이시군요.

스티글리츠 경제학은 오늘과 내일, 그리고 모레의 소비와 생산을 추상적으로 파악합니다. 사과나 오렌지에 가격이 있듯이 일상적인 소비에도 가격을 설정하는 것이지요. 이것을 '다른 시점 간의 가격'이라고 합니다. '다른 시점 간의 가격'은 몇 가지 요소에 의해 결정되는데 금리도 그중 하나인 거죠. 세액 공제나 세율의 변경도 영향을 미칩니다.

한편 소비 행동과 저축 행동은 가격이나 금리가 아닌 다른 요소에 영향을 받습니다. 이를테면 행동 경제학은 사람들에게 저축을 독려하기 위해서는 이자를 더 주는 것보다 더 효과적인 수단이 있다는 것을 알아냈지요.

야스다 그 효과적인 수단으로 어떤 것이 있을까요?

스티글리츠 구체적인 예를 들어 말씀드리겠습니다. 미국에서는 노동자가 새로 취직을 할 때, 수입의 몇 퍼센트를 저축에 할당할 것인지 약정하는 서류를 회사와 교환합니다. 그 서류에는 '특별한 요청 사항이 없으면 수입의 10퍼센트를 보통 예금 계좌에 입금합니다'라는 식의 내용이 담겨 있어요. 대부분의 사람은 회사가 제안하는 수치를 그대로 받아들이지요. 회사가 15퍼센트를 제안하면 15퍼센트, 5퍼센트를 제안하면 5퍼센트로 합의합니다. 저축에 관한 합의지만 금리를 신경 쓰는 사람은 거의 없어요. 회사와의 약정 계약 자체가 저축 행동의 요소가 되는 것입니다.

현대 경제학이 발전하고 있다는 증거 중 하나는 우선 다른 시점에서의 소비나 금리를 생각하기 위해 '다른 시점 간의 소비'나 '다른 시점 간의 가격'이라는 개념을 구축한 일입니다. 다음으로는 그것들이 그다지 중요하지 않다는 것을 발견한 일이지요. 분명히 금리는 사람의 행동을 촉진하는 요소지만 그 밖에 다른 원인들도 있거든요.

마르크스는 금리가 노동자에 대한 착취에서 생겨난다고 주장했지만, 저는 적절한 금리는 경제 시스템 내에서 자연스럽게 형성되는 가격의 하나로 인식하고 있습니다. 경제를 유지하기 위한 하나의 메커니즘이라는 뜻이지요.

옛날부터 거의 모든 종교 교리는 부당한 대출이나 고금리 대부를 금지해 왔습니다. 하지만 미국의 탐욕스런 은행가들은 악랄한 방법을 사용해서 그것들을 탐해 왔습니다. 결국 그들은 고금리 대출을 규제하는 법률을 모두 무효화하는 데 성공했어요. 그리고 특히 빈곤층에 대한 금리를 끌어올려 그들이 이해하기 어렵게 쓴 계약서에 서명을 시킨 것입니다.

야스다 서브프라임 모기지론 말인가요?

스티글리츠 그렇습니다. 서브프라임 모기지론은 물론이고 약탈적 대출이나 신용카드 사용의 부정 관행도 횡행했어요. 저로서는 결코 간과할 수 없는 문제입니다.

은행가에 의한 착취는 오랜 세월에 걸친 관습이라고 말하는 사람도 있습니다. 하지만 옛날부터 종교는 이러한 행위를 비도덕적인 행위라고 가르쳤어요. 저도 은행가들이 벌이는 그런 행동이 분명 부도덕하다고 생각합니다. 단지 자신들이 이윤을 얻을 목적으로 서민을 이용하고 착취해서는 안 되죠. 고금리 대출은 마땅히 규제해야 합니다. 저는 시장경제의 악용과 통상 기능을 구별

해서 생각하고 있습니다.

인구 감소에 대비하라

야스다 오늘날 일본을 비롯한 많은 선진국은 장기 불황의 늪에서 벗어나지 못하고 있습니다. 일본이 불황에 빠진 원인은 일본은행과 재무성의 실책에 있을지도 모릅니다만, 20여 년 이상 불황이 계속된 지금에서는 더 이상 타개책이 없는 게 아닐까 하는 생각도 듭니다. 이러한 상황에 대한 교수님의 의견을 듣고 싶습니다.

스티글리츠 타개책은 분명 있을 것입니다. 일본 경제가 지금도 직면하고 있는 장기 침체를 되돌아 보면 불황의 처음 10년 동안은 정부 실책이 여러 번 겹쳤더군요. 1995년~1996년에 은행 개편 시기가 늦어진 것, 1997년에 시행된 소비세 증세 등이 잘못된 정책의 예입니다.

하지만 금리 문제는 여기서 일단 차치합시다. 일본 전체의 경제 동향을 살펴보면, 생산 연령 인구가 계속 감소하고 있는 데 비해 생산성이 오르는 추세가 두드러진다고 볼 수 있습니다. 상당히 잘하고 있어요. 경제협력개발기구Organization for Economic Cooperation and Development 회원국 중에서도 상위권에 속하니까요.

일본 경제가 침체된 가장 큰 이유는 인구 감소라고 생각합니다. 사실 저는 이러한 현상이 그다지 나쁜 일은 아니라고 보지만요. 여기서 한번 고민해 봅시다. 경제성장이 갖는 이점이나 가치는 무엇일까요? 저는 성장이 그 자체로 가치가 있다고는 생각하지 않습니다. 일본의 생활수준이 안정되어 있는 한, 지금처럼 저성장이 계속된다고 해도 큰 문제는 없어요. 하지만 산업에 따라서는 인구 감소 문제 이외에 다른 침체 원인을 갖고 있는 분야가 존재한다는 사실과 빈부격차가 점점 확대되고 있다는 사실은 조금 걱정이 되는군요.

야스다 좀 더 자세히 설명해 주시겠습니까?

스티글리츠 지금 일본이 안고 있는 문제 중 하나는 일본의 자랑이었던 제조업이 곤경에 처해 있다는 점입니다. 예전부터 다른 국가보다 우수했고 국가적 차원에서 주력해 온 분야죠. 더 높은 경쟁력을 위해 해외로 생산 거점을 옮긴 시도는 성공이기도 하지만 동시에 실패이기도 합니다. 기술적으로 큰 발전을 이루었다는 점에서는 성공이라고 할 수 있지만, 그 성공이 중국과 같은 해외 생산 거점에 대한 방대한 투자로 이어져 결과적으로 일본 국내의 제조업 기반을 취약하게 만들었기 때문이죠.

예전에 일본의 산업 구조 전환이 늦다는 점을 지적한 적이 있습니다. 특히 서비스 산업의 생산성을 높이기 위한 투자가 늦다고 지적했지요. 이미 고령화가 상당히 진행된 일본은 장차 고령

로봇 산업 18세기에 시작된 산업혁명이 방적기와 증기 기관 등 기계 발전에 큰 영향을 받았던 것처럼, 오늘날 로봇 기술의 발달 역시 새로운 산업혁명의 가능성을 예견하고 있다. 기존까지 다수의 노동력을 필요로 하던 제조업 분야에서도 소수의 관리자를 제외한 생산 라인은 대부분 로봇이 담당하는 형태의 공장들도 속속 나타나고 있다. 이러한 현상은 이 책의 3장에서 본격적으로 다룰 테크놀로지 발전과 '노동 증발' 문제와 연결된다.

자용 의료기기 분야에서 세계를 선도할 수 있을지 모릅니다. 그 밖에도 다양한 분야에서 높은 기술력과 능력을 발휘할 가능성이 있어요. 다만 그러한 가능성을 뒷받침할 정책의 시행 속도가 조금 느린 것 같습니다.

야스다 일본인에게는 긍정적인 메시지로군요. 개인적으로는 로봇 산업의 발전에 기대를 걸고 있습니다. 노동인구가 감소하면 노동력의 수요는 점점 더 증가하겠지요. 자연스럽게 노동력을 제공하는 로봇에 대한 투자가 활발해질 거고요. 공급 측면에서도 일본의 로봇 기술은 하루가 다르게 발전하고 있습니다.

야스다 조금 각도를 바꿔 질문을 드리겠습니다. 동기부여 Motivation에 관해서인데요. 개인적으로 2016년 1월에 실리콘밸리 Silicon Valley에 갔다가 깊은 인상을 받은 일이 있습니다. 오늘날 실리콘밸리, 그러니까 이노베이션섹터Innovation Sector는 자본주의의 중심지라고까지 불리며 시장경제의 중요한 역할을 담당하고 있습니다. 하지만 그곳에서는 벤처투자가든 기업가든 모두 일하는 목적이 자기 이익을 추구하거나 돈을 버는 데 있지 않은 것처럼 보였어요. 일반적인 금융업자와는 동기 자체가 다르다는 인상을 받았습니다. 새로운 것을 창조함으로써 사회에 공헌해 좀 더 좋은 사회를 만들고 싶어 하는 것 같아 의외였습니다.

스티글리츠 저 역시 그렇게 생각합니다. 실리콘밸리에서 일하는 사람들 대부분은 자기 내부에서 꿈틀거리는 창조성을 발휘하는 데 큰 보람을 느끼고 있어요. 다만 공정성의 측면을 지적하자면, 실리콘밸리에 거점을 둔 기업의 대다수는 세금을 적정하게 내지 않습니다. 사회에서 얻은 이익을 세율이 낮은 조세 피난처*로 옮기고 있는 거지요. 자기 이익 추구에만 집착하고 있어요.

야스다 실리콘밸리의 에코 시스템Ecosystem에 관한 이야기를 많이 들었습니다. 실리콘밸

조세 피난처
법인의 실제 발생 소득의 전부 또는 상당 부분에 대해 조세를 부과하지 않거나, 부담 세액이 실제 발생 소득의 15퍼센트 이하인 국가나 지역.

실리콘밸리 미국 캘리포니아주 샌프란시스코만 산타클라라 계곡 일대에 형성된 IT 관련 산업 단지다. 인텔(Intel), 구글(Google), 테슬라(Tesla), 페이스북(Facebook), 넷플릭스(Netflix) 등 최첨단 기술 기업이 밀집해 있다.

리에는 독자적이고 뛰어난 에코 시스템이 있는데, 그것이 보통의 시장 메커니즘과 다른 점이라고 하더군요.

스티글리츠 그렇습니다. 오늘날의 시장경제에는 19세기와 같은 형태의 산업혁명은 없습니다. 제가 《창조적 학습사회》라는 책에서도 언급했습니다만, 현대 경제의 성공과 번영은 연구개발에 의해 이루어졌습니다. 우리는 그 성과로 지금의 높은 생활수준을 손에 넣었지요. 그러한 연구개발에 제일 큰 동기를 부여하는 요소가 바로 새로운 아이디어를 얻었을 때 느끼는 본능적인 기쁨입니다.

세상을 바꾼 사람들을 보세요. DNA의 분자 구조를 발견해 유전 형질의 복제 구조를 밝혀낸 제임스 왓슨James Watson과 프랜시스 크릭Francis Crick, 주파수를 발견한 하인리히 헤르츠Heinrich Hertz와 레이저를 발견한 찰스 타운스Charles Townes 등 세상을 바꾼 사람들은 대부분 연구자입니다. 물론 그들의 아이디어를 시장에 상용화하는 데에는 민간의 역할도 중요합니다만, 실제로 오늘날처럼 사회가 크게 약진하고 세상이 발전해 온 것은 학문 세계에서 샘솟는 새로운 아이디어들 덕분입니다. 연구자들의 새로운 아이디어가 이룬 업적인 것이지요.

야스다 욕망, 경제적 유인, 동기부여에 대한 이야기가 나온 김에 교수님이 생각하시는 경제적 유인에 대해서 여쭙습니다. 교수님은 지금처럼 인터뷰를 하시는 것은 물론, 대학 강단에서도 강의를 하시고, 연구도 계속하고 계십니다. 또 정부나 정당에도 협력하시는 등 다양한 일에 몰두하고 계시는데요. 그 경제적 유인이나 동기부여는 무엇인가요? 아까 논문을 쓰는 동기부여 요소는 돈이 아니라 아이디어의 추구라고 하셨는데, 좀 더 자세히 말씀해 주시겠습니까?

스티글리츠 특별한 이유는 없습니다. 그냥 즐겁기 때문이에요. 저는 그런 일을 할 때 가슴이 설레거든요. 사람에 따라서는 즐겁고 가슴 설레는 대상이 체스 게임이 될 수도 있겠죠. 저는 경제와 사회의 구조를 연구하는 일에 기쁨을 느낍니다. 굳이 계기라고 한다면, 어릴 때 사회에 대해 의문을 가졌던 적이 있어요. 아주 어릴 때 문득 뭔가 이상하다고 느꼈던 기억이 납니다. '이렇게나 사회가 풍족한데도 평생 겨우 6년밖에 학교를 다닐 수 없는 사람들, 한 끼 식사를 걱정하며 중학교조차 가지 못하는 사람들이 있다니. 세상은 왜 이렇게 불공평한 걸까?'라는 생각이 들었어요.

경제학의 길로 들어선 것은 사회에 차별과 불평등이 만연한 것, 경기순환이나 경제변동, 빈부격차가 늘어나는 것이 걱정스러웠기 때문이었어요. 당연한 이야기이긴 하지만, 아직 그런 불평등을 시정하겠다는 목표를 이루지는 못했습니다. 여러 가지 의미에서 상황은 오히려 더 악화되고 있지요. 적어도 미국의 상황은 제가 막 경제를 배우기 시작했을 때보다도 훨씬 나빠졌어요. 제가 어렸을 때보다도 사회 격차 문제는 더 심각해졌습니다.

야스다 막스 베버^{Max Weber}의 유명한 고전 《프로테스탄트

막스 베버(1864년~1920년) 독일의 사회학자, 경제학자, 법률가, 정치가. 19세기 후반 서구 사회과학 발전에 크게 공헌했으며, 철학과 사회학 등의 분야에서 오늘날까지도 큰 영향을 미치고 있다.

윤리와 자본주의 정신》에서는 또 다른 유형의 동기부여에 대해 설명하고 있습니다. 이 책에 쓰인 노동자들의 동기부여 요소에 대해서는 어떻게 평가하고 계신지요?

스티글리츠 최근 10년간, 아니 5년 정도일지도 모르겠습니다만. 경제학이 학문적으로 보다 발전되었다고 평가할 만한 한 가지 사실은, 기존까지 경제학자가 사용해 온 '개인'의 모델이 잘못되었다는 걸 깨달은 일입니다. 그 모델은 바로 사람이 태어나면서부터 뚜렷한 개인 취향을 갖고 있으며 합리적으로 예측하고 행동한다는 가정입니다. 이전까지는 개인의 취향이 어디에서 비롯된 것인지 논의되지 않았고 문화의 영향도 무시됐습니다. 문화가 얼마나 사람들의 태도와 사고에 영향을 미치는지 그 역할이 강조된 것은 비교적 최근 일이거든요.

물론 이러한 사실은 비즈니스 업계에서는 이미 오래전부터 알려져 있었습니다. 그것이 바로 마케팅이죠. 마케팅은 사람들의 취향을 외부에서 의도적으로 바꾸려는 시도니까요. 담배 회사 말보로가 자기 제품 광고에 말을 탄 남성 모델을 내세운 것은 중요한 정보를 제공하기 위해서가 아닙니다. 흡연으로 인해 사망한 사람들의 수나 니코틴에서 얻을 수 있는 쾌감, 타르의 영향 같은 걸 알리기 위해서도 아니죠. 그런 이미지는 단지 '우리가 동경할 만한 사람들은 말보로를 피운다'고 생각하게 함으로써 소비자의 구매 의욕을 자극하기 위해 쓰이는 겁니다.

《프로테스탄트 윤리와 자본주의 정신》

오늘날까지도 손꼽히는 고전의 반열에 오른 이 책은 자본주의 발전 과정과 프로테스탄티즘의 상관관계를 논증한다.

이 책에서 베버는 근대 부르주아 시민 계급이 종교적으로 프로테스탄티즘을 수용했다는 점에 주목한다. 흔히 '청교도'라 불리는 이들은 장 칼뱅(Jan Calvin)의 '예

정설'을 수용했는데, 이는 인간 개개인의 구원이 신에 의해 이미 정해져 있으며, 그 결정 과정에서 인간의 노력은 아무런 의미가 없다는 주장이다. 하지만 이 주장은 자칫 자신이 선택받지 못할 수도 있다는 불안을 야기할 수 있는데, 그들은 이러한 불안을 금욕주의와 소명 의식을 통해 극복하려 했다.

직업과 일은 신이 주신 중요한 소명의 하나로 청교도들은 주일보다 평일을 더 신성시했고, 노동을 신에게 드리는 예배처럼 여겼다. "신을 마주할 때 부유해져라. 현실의 사치를 위해 부유해지지 말라"가 바로 그들의 가르침이었다. 이처럼 청교도들은 금전이나 이익 추구와 같은 욕망에서조차 강한 윤리적 통제를 가함으로써 초기 자본의 형성과 축적을 이룰 수 있었고 초기 자본주의 발전에도 기여했다는 것이다.

야스다 날카로운 지적이라고 생각합니다. 실제로 오늘날 우리는 제품의 성능과 전혀 상관없는 광고의 카피나 모델의 이미지에 끌려 제품을 선택하고는 하니까요. 우리가 그런 식으로 소비를 하는 이유는 뭘까요?

스티글리츠 이건 물론 극히 일부 사례겠지만, 저는 사람들이 주위 영향을 쉽게 받는다는 사실을 깨달았습니다. 우선은 부모의 영향이겠지요. 부모는 자녀에게 무척 큰 영향을 미칩니다. 그 밖에도 문화적 배경이나 시장, 주변 친구나 동료의 영향을 받아 인격을 형성해 갑니다. 베버는 《프로테스탄트 윤리와 자본주의 정신》에서 특정한 종교적 관념과 문화의 조합이 사람들의 행동에 영향을 미치고 자본주의 발전에 공헌했다고 주장하고 있습니다. 부르주아 계급의 자본주의 정신의 배후에는 프로테스탄티즘의 영향이 있었다는 것이지요. 저 역시 다양한 문화가 시장경제를 건강하게 지탱해 준다고 생각합니다.

야스다 비슷한 사례가 아시아 지역에도 있을까요?

스티글리츠 인상적인 에피소드가 있습니다. 저는 여러 해 전 세계은행World Bank에서 동아시아의 경제성장과 공공 정책에 대해 연구했습니다. 이를 위해 동아시아 각국 사람들과 인터뷰를 했는데, 무척 인상적인 점이 있었습니다. 바로 어떤 국가에서는 사람들이 '우리가 성공한 것은 유교 문화 덕분이다'라고 했는데, 또 다른 국가에서는 '우리가 성공한 것은 유교 문화를 극복했기 때문이다'라고 완전히 상반된 의견을 말한 것이었습니다. 다시 말해, 어떠한 문화든 경제 발전에 공헌하는 측면과 그렇지 않은 측면이 모두 있다는 뜻이겠지요. 물론 시간이 지나면서 상황도 달라지겠만요.

현대 자본주의에서 금융 제도의 악용은 프로테스탄트, 가톨릭, 유대교, 불교 등 어떤 종교 윤리도 수용할 수 없습니다. 사실 윤리가 있을 리 없지요. 그래도 금융 분야는 오랜 세월 동안 왜곡된 시장경제의 견인 역할을 다해 왔어요. 미국 금융 분야가 대 GDP에서 차지하는 비율은 1947년 전후에는 2.5퍼센트였는데 지금은 8퍼센트까지 상승했습니다.

사람들은 저마다 일하는 동기가 다릅니다. 아까도 말했듯이 몹시 다양한 동기부여 요소가 있지요. 또 제대로 기능하는 시장경제에는 다양한 동기부여 요소가 혼재해 있기 마련입니다. 그러므로 정상적으로 기능하는 사회는 바로 다양성에 관대한 사회라고 할 수 있습니다.

"오늘날처럼 사회가 크게 약진하고 세상이 발전해 온 것은 학문의 세계에서 샘솟는 새로운 아이디어들 덕분입니다."

야스다 한 가지 더 여쭙고 싶습니다. 기술혁신의 평가에 관해서 인데요. 오늘날 실리콘밸리는 기술혁신을 계속 일으켜 미국뿐 아니라 세계경제에 공헌하고 있습니다. 기술혁신의 역할을 어떻게 평가하고 계신지요? 기술혁신은 과연 사람들에게 행복을 가져다 줄까요?

스티글리츠 실리콘밸리에서 일어나는 기술혁신의 가치를 지금 당장 평가하기란 매우 어렵습니다. 그들은 기술혁신이 사회의 대전환을 촉구한다고 말하지만, 글쎄요. 아마도 기술혁신 덕분에 당장 억만장자가 된 사람들에게는 해당되는 이야기겠지요. 큰 영향을 받은 사람들은 분명 존재하니까요.

경제학자들 사이에서는 몇 가지 논의되는 사항이 있습니다. 그중 하나가 거시 경제의 통계를 봐도 기술혁신에 의한 생산성 상승은 인정받지 못한다는 점입니다. 이유가 뭘까요? 우리의 측정법이 잘못된 것일까요? 아니면 사회가 기술혁신 효과를 과장해서 부풀리고 있는 것뿐일까요?

예컨대 실리콘밸리에서 성공한 기업의 비즈니스모델*의 대부분은 광고입니다. 효율적인 광고 시스템을 확보하는 것은 바람직한 일입니다만, 일상생활에서의 중요도를 생각하

> **비즈니스모델**
> 제품이나 서비스를 어떤 방식으로 소비자에게 제공하고 홍보해 수익을 창출할 것인지에 대한 계획이나 아이디어를 말한다.

면 전기나 실내 화장실, 식료 등과는 비교할 수도 없습니다. 광고는 목적 달성의 수단에 불과할 뿐 경제의 핵심 요소가 될 수는 없습니다. 경제를 추동할 수는 있어도 핵심은 되지 못하는 거지요.

게다가 광고 수입의 출처는 다른 기업의 호주머니예요. 그러니까 인터넷 광고 시스템이 수익을 올린다는 것은 종이를 매개로 한 미디어 광고 산업이 타격을 받는 일이기도 합니다. 즉, 기업이 지출하는 광고비가 종이 매체에서 인터넷 매체로 옮겨 갔을 뿐 생산성은 향상되지 않은 거지요.

검색 엔진도 상당히 많은 도움을 줍니다. 많은 사람들이 언제 어디서나 편리하게 이용하고 있잖아요? 페이스북이나 인스타그램Instagram 같은 소셜미디어Social Media를 즐기는 사람도 많고요. 이러한 인터넷의 혜택은 생활의 질에 큰 영향을 미치고 있기는 하지만 그 경제 효과가 통계로 반영되지는 않습니다. 이러한 기술혁신이 전기나 DNA에 비해 얼마나 중요한가에 대해서 많은 경제학자가 논의를 펼쳐 나가고 있습니다.

기술혁신을 만드는 이로서는 모두의 삶에 영향을 준다는 것이 뿌듯하고 기쁜 것이 당연합니다. 하지만 이메일이나 SNS를 통해 타인에게 24시간 옥죄이듯 지내는 것이 그렇게 행복하기만 한 일일까요? 옛날에 주고받던 편지에 비해 과연 이메일은 사람들을 얼마나 행복하게 만들었을까요?

야스다 그럼 교수님은 이러한 종류의 새로운 테크놀로지나 기

술혁신이 행복에 미치는 영향력의 중요성에 의문을 갖고 계시다는 뜻인가요?

　스티글리츠　확실히 전기를 비롯한 옛날의 기술혁신에 비하면 영향력은 적을지도 모르지만, 21세기의 기술혁신도 공유경제 등 새로운 인프라를 만들어 내고 있습니다. 전용 애플리케이션Application을 사용해 등록자의 자동차를 택시 서비스로 제공하는 우버나 인터넷을 통해 가입자의 자택을 숙박 시설로 제공하는 에어비앤비가 대표적인 예지요.

야스다　테크놀로지가 없으면 새로운 시장이나 새로운 형태의 경제는 생겨나지 않았을 거라는 생각도 듭니다. 이 점에 대한 평가는 어떠신지요?

스티글리츠　새로운 테크놀로지가 많은 분야에 영향을 미치고 있는 것은 분명합니다. 이익도 물론 생겨나지요. 하지만 이익이 증가하고 기술이 널리 보급되었다고 해서 새로운 테크놀로지가 당장 사회에 도움이 된다고 생각하는 것은 경솔한 판단입니다. 새로운 기업이 수익을 늘리면 자연스럽게 오래된 기업의 수익은 줄어들거든요. 이익을 빼앗기는, 아니 이익이 어떤 장소에서 다른 장소로 옮겨 가는 것뿐입니다.

물론 에어비앤비를 예로 들자면, 확실히 경제에 공헌은 하고 있지요. 하지만 현 시점에서는 해답을 얻을 수 없는 부분이 있습니다. 실제로 숙박 건수가 늘어나고 있는지, 예전에 비해 여행이 더 촉진되고 있는지 하는 점입니다. 만약 에어비앤비의 영향으로 폐업에 내몰리는 호텔이 나온다면 종업원은 직장을 잃고 투자가는 손실을 입겠지요.

물론 다른 한편으로는 빈 방을 소유한 가정이 수입을 얻을 수 있으며, 경쟁으로 숙박 요금이 내려가면 지금까지 여행하지 않던 사람들이 새롭게 여행을 갈지도 모릅니다. 전체적으로 이익은 발생하겠지만 그 규모는 아직 확실히 알 수 없어요.

또 하나 생각해야 할 것은 새로운 테크놀로지의 성공 사례 중

공유경제

함께 나눠 쓴다는 의미로 '셰어(share)'라는 말이 '시민권'을 얻은 것은 2000년 이후다. 경기 침체와 성장 부진이라는 정체감(停滯感) 속에서 젊은 세대를 중심으로 급속도로 퍼져 나갔다. 공유경제 개념은 주택을 여러 명이 빌려 함께 지내는 셰어하우스, 방을 빌리고 빌려주는 에어비앤비, 애플리케이션을 통해 자동차 여유 좌석을 공유하는 우버 등 다양한 형태로 나타났다.

SNS는 시장경제를 기본으로 한 개인 소유와는 다른 서비스의 가능성을 낳았다. 물질적으로 풍요로운 환경에서 자라난 젊은이들은 자신이 필요로 하지 않는 것에 대한 물욕이 강하지 않다. 따라서 소유가 아닌 공유를 통해 새로운 경제적 가치를 찾아내려 하는 것이다. 좀 더 단순하고 현명하게! 이러한 새로운 형태의 경제는 기존 경제체제를 보완하는 새로운 아이디어로서 긍정적인 면이 있다.

하지만 우리가 깨닫지 못한 사이, 감정까지 사고파는 경제체제가 자연스럽게 성립되는 것이 두렵기도 하다. 시장의 최대 특색은 모든 것이 금전 거래를 통해 이루어진다는 것이다. 하지만 마음에 드는 고객에게는 값을 싸게 주고 마음에 들지 않으면 팔지 않는 식으로 상대방의 인격까지 거래의 평가 대상으로 삼을 때, 우리는 또 다른 스트레스를 얻게 된다. 시장은 돈만 있으면 누구나 참가자가 될 수 있다는 장점, 즉 사용자의 자유가 보장되어야 한다. 그래야 우리가 알지 못하는 땅을 여행할 때에도 시장을 찾게 되지 않을까? 시장 논리에 공동체의 논리가 파고들어가는 현상의 장단점을 우리는 어떻게 확인할 수 있을까?

에는 그저 단기적으로 법망을 빠져 나갔을 뿐인 경우가 있다는 사실입니다.

야스다 혹시 구체적인 사례가 있을까요?

스티글리츠 아까 말씀하신 우버를 사례로 들어 봅시다. 뉴욕에서는 택시의 수가 법적으로 제한되어 있습니다. 왜일까요? 바로 도로의 과도한 혼잡을 방지하기 위해서지요. 신규 업체의 참가를 허용하면 신규 참가자야 수익을 올리겠지만 교통 정체 등의 사회적 비용을 다른 사람들에게 지불하게끔 하는 결과도 생깁니다. 언젠가는 대책을 강구해야 할 문제인 거지요. 사실 바로 이 점에 착안한 것이 우버입니다. 도로의 혼잡 상황을 예측해서 대처할 수 있으니까요.

하지만 그들이 가지고 있는 장점도, 언제든 그들에게 도로 사용료를 징수하는 새로운 테크놀로지가 도입된다면 비교 우위가 없어지게 됩니다. 그래서 테크놀로지의 효과가 단기적이라는 것입니다. 여기서 다시금 묻지 않을 수 없습니다. 다른 택시 사업자와 같은 조건이라면 우버는 얼마나 성공을 거둘까요? 경쟁 상대와 같은 규제를 적용받고, 같은 수준의 안전 기준과 보험 기준, 보상 아래서 운용하게 된다면 어떻게 될까요?

다른 기업의 예를 들어 봅시다. 에어비앤비는 어떨까요? 그들의 경쟁 업체라 할 수 있는 기존의 호텔들에는 엄격한 위생 기준이 있습니다. 하지만 새롭게 등장한 테크놀로지 분야의 업체들은 현재 위생 기준이 따로 없지요. 하지만 규제는 다 이유가 있어서 만들어지는 것입니다. 규제가 없으면 문제가 발생하기 때문이지요. 무의미하게 존재하는 게 아닙니다.

야스다 기술혁신이 기존 분야의 이익을 빼앗는다는 관점에서 보면 노동시장에 대한 영향도 심각합니다. 기술혁신으로 생긴 새로운 산업 대다수는 더 적은 노동력을 필요로 하기에, 고용을 빼앗기는 것을 걱정하는 목소리가 나오고 있습니다. 노동시장의 미래에 관해서는 어떤 견해를 갖고 계신지요?

스티글리츠 새로운 산업이나 플랫폼은 고용을 창출하는 동시에 파괴합니다. 시간제 근무의 신규 고용이 늘어나는 것은 물론 좋은 일입니다. 하지만 이는 다른 한편으로 정직원으로서의 고용 기회를 잃는다는 사실을 의미하지요. 우리는 이러한 사실을 잊기 쉽습니다.

물론 현재로선 실질적인 증감이 분명하게 계산되어 있지 않습니다. 노동력의 총수요가 일정 정도 늘어나 고용이 확대될 가능성도 있겠지만, 반대로 노동시장이 효율적으로 기능해 고용이 대폭 축소될 위험도 있습니다. 현시점에서는 어떤 결과가 나올지 알 수 없습니다.

야스다 노동시장 축소 문제는 지금도 많은 사람이 크게 염려하고 있는 부분입니다. 테크놀로지의 발전은 노동 분야에 또 어떤 문제를 야기할까요?

스티글리츠 노동시장의 축소보다 더 염려스러운 것은 사실 일하는 사람들에 대한 대우입니다. 새로운 플랫폼 중에는 노동자의 조직력을 약화시키는 것이 있습니다. 기업이 시장을 지배하는 반면, 노동자의 위상은 계속 약해지는 것이지요. 따라서 고용이 줄어들 뿐 아니라 장기적으로 임금도 계속 내려갈 가능성이 있습니다. 시장을 독점하거나 지배하는 기업은 처음에는 그 지배력을 함부로 남용하지 않겠지만, 앞으로도 계속 그러리라고는 누구도 장담할 수 없습니다. 사실 그 유혹은 무척 강하거든요. 그렇기 때문에 우리는 테크놀로지의 긍정적인 영향과 부정적인 영향에 항상 대비하고 사회적으로 대처해야 합니다.

야스다 그렇겠군요. 기술혁신을 일으킨 새로운 기업에는 노동조합도 없을 테니까요.

스티글리츠 맞습니다. 이미 기업의 지배력 남용으로 인한 문제들이 여기저기서 나타나고 있어요.

야스다 시민들이 잘 감시해야 할 부분이군요.

"우리는 테크놀로지의 긍정적인 영향과 부정적인 영향, 모두에 항상 대비하고 사회적으로 대처해야 합니다."

야스다 마지막으로 단순하지만 철학적인 질문을 드리겠습니다. 교수님에게 돈이란 무엇인가요?

스티글리츠 저는 돈이라는 말을 들으면 '돈은 모든 악의 근원'이라는 미국 속담이 가장 먼저 떠오릅니다. 물론 학생들에게는 그렇게까지 말하지는 않고, 돈이 단지 다른 가치를 얻기 위한 수단으로서 지불의 도구이며 계산의 단위에 지나지 않는다고 가르치고 있어요.

사실 우리가 돈이 필요하다고 말할 때는 대부분 자원에 접근하고 싶다는 의미입니다. 그런데 "돈을 버는 것, 그 자체가 유일하고 가장 큰 삶의 보람이다"라고 말하는 사람이 있다면, 그야말로 걱정이네요. 인생에서 중요한 다른 가치들을 모조리 배제한 채, 오직 물질을 좇는 것만이 유일한 삶의 보람이라고 말하는 것과 같으니까요.

물질주의에 치우치지 않도록 균형을 잡는 것이 중요합니다. 사회가 원활하게 기능하려면 물론 돈도 중요하지만, 돈을 동기부여 요소로 삼지 않는 사람도 많이 있어야 해요. '돈이 세상을 움직인다', '돈이 자본주의를 만들어 낸다'고 하지만, 실제로 현대 자본주의를 원활히 기능시키려면 돈을 목표로 좇지 않는 사람들이 필요합니다.

자본주의의 기반은 돈입니다. 돈을 좇는 것이지요. 하지만 역설적이게도 모두가 돈을 좇으면 자본주의와 시장경제는 제 기능을 하지 못합니다. 새로운 아이디어와 사고를 모색하는 사람, 지구온난화를 걱정하는 사람, 또 자본가가 부정을 저지르거나 사회에 해를 끼치지 않는지, 은행가가 나쁜 짓을 하지는 않는지 감시하는 사람도 필요해요. 그들은 대부분 돈을 동기부여 요소로 삼지 않습니다.

야스다 교수님 또한 돈이 중요한 동기부여 요소가 아니라고 말씀하셨죠?

스티글리츠 그렇습니다. 저에게 돈은 그저 평범한 생활을 할 수 있을 정도면 충분합니다. 또한 사회를 보다 바람직한 방향으로 바꾸기 위해서는 모두가 돈만 추구하면 자본주의나 시장경제가 제대로 기능하지 않는다는 사실을 많은 사람들에게 이해시켜야 해요.

이 점은 무척 중요하기 때문에 저는 매일 열심히 일하고 있습니다. 학생들을 만나는 것은 물론 다른 많은 사람과 시간을 함께 보내며 책도 씁니다. 물론 집필은 결코 만만치 않은 작업이지만요. 아시다시피 저는 지금까지 불평등 문제나 시장경제의 국제 격차 문제에 대한 책을 여러 권 펴냈습니다. 그러한 일이 사회를 보다 정상적으로 기능하게끔 만드는 데 꼭 필요하다고 강하게 믿고 있으니까요.

야스다 긴 시간 인터뷰에 응해 주셔서 정말 감사합니다. 앞으로도 교수님의 건승을 빌겠습니다.

빨간 점퍼를 입고 불평등과 싸우는 스타 경제학자

경제학에 문외한인 나도 이름은 알고 있었다. 따로 설명하지 않아도 될 정도로 유명한 노벨 경제학상 수상자이자 세계적 영향력을 지닌 스타 경제학자 조지프 스티글리츠. 2011년 월스트리트 시위 때였던가? 빨간 점퍼를 걸치고 학생들에게 불평등 문제를 이야기하던 뉴스 영상 속 모습이 인상에 강하게 남아 있다. 강의와 집필, 각국 정부에 조언하는 일 등의 일정으로 무척이나 바빠 출연을 섭외하는 데는 꽤 난항을 겪었지만, 반년 정도의 시간을 기다려 드디어 인터뷰가 실현되었다.

솔직히 인터뷰를 진행하기 전까지만 해도 마음속에 작은 의구심이 자리하고 있었다. 학자로서 더 없는 성공을 거두었으면서도 항상 사회적 약자에게로 시선을 향하고 있는 그의 태도가 어쩌면 가식적인 모습은 아닐까 하는 생각도 조금은 있었다. 사실 인간은 누구나 태어나면서부터 차이를 마주한다. 그리고 살아가면서 유형무형의 무수한 차이를 만들어 낸다. 경쟁의 결과로 발생하는 불평등을, 어쩔 수 없이 당연하다고 말하는 대신 성의 있게 시정을 주장하는 현대 경제학의 거장 스티글리츠. 그의 진의는 어디에 있을까? 직접 만나 알아내고 싶었다.

인터뷰 직전, 강의를 막 마치고 빠른 걸음으로 다가온 노신사는 키는 170센티미터 정도에 표정에는 부드러움과 날카로움이 동시에 엿보여 관록을 느낄 수 있었다. 현대 경제학의 거장에게 우리 시대의 미래를 물을 수 있다는 설렌 마음에 인터뷰 도중 나도 모르게 몇 번이나 서툰 영어로 질문을 던졌다. "욕망은 자본주의를 움직이는 원동력일까요?" 하지만 스티글리츠는 신중한 입장을 취했다. 자본주의와 시장경제라는 말을 신중하게 가려 쓰고, 욕망이나 탐욕이라는 다양한 뉘앙스로 해석될 수 있는 단어들을 자제하면서, 자기 이익Self-Interest이나 경제적 유인이라는 경제학 용어들을 사용해 대답했다. 다만 불평등을 이야기할 때만큼은 "애덤 스미스는 틀렸다. '보이지 않는 손'을 신봉하는 시대는 이미 끝났다"고 힘주어 강조했다.

스티글리츠의 견해는 '불평등 해소'라는 큰 목표로 귀결된다. 인터뷰에서 이따금 '불평등'이라는 단어를 쓸 때는 예외 없이 단

호한 표정을 보였다. 눈빛에서 조금의 망설임도 느낄 수 없었다. 목소리는 허스키하면서도 친근했고, 상대가 말을 잘 이해하고 있는지 배려하면서 강약을 조절하고 있었다.

한창 인터뷰를 하다 문득 깨닫고 보니 내 안에 있던 자그마한 의구심은 어느새 깨끗이 사라지고 없었다. 스티글리츠는 언제나 긍정적이었고 희망을 말하고 있었다. 학자로서 인생을 걸고 싸워온 '불평등'이라는 거대한 괴물의 힘이 빠지기는커녕 날이 갈수록 더욱 커져가고 있고, 세상은 더욱 불확실하고 혼탁해지고 있는데도 말이다.

그 이유는 그가 다른 어떤 것도 아닌 사람을 믿고 있기 때문이었다. 불평등을 직시하고 해소하기 위해 끊임없이 노력하다 보면, 언젠가 우리가 서로 협력할 수 있는 제도를 만들고 더욱 살기 좋은 세상을 이룩할 것이라고 말이다. 어쩌면 거장의 통찰은 희망을 잃지 않고 세상을 긍정하면서 끊임없이 노력하는 강한 의지일지도 모르겠다는 생각이 들었다.

오니시 하야토

CAPITALISM

제2장

빚으로 산 성장의 대가

성장이 필요 없는 자본주의를 상상하라

[유럽 최연소 경제 자문 **토마스 세들라체크**]

토마스 세들라체크
(Tomas Sedlacek, 1977년~)

체코의 경제학자로 불과 24세의 나이로 체코 초대
대통령 경제 자문을 역임했으며, 체코 국가경제위원
회 위원으로 활동했다. 자본주의에 대한 날카로운
비판의 시선으로 물질적 성장만이 아닌 문화적·인
간 중심적 성장을 촉구하고 있다.

2006년 《예일이코노믹리뷰》에서 '전 세계의 전도유
망한 경제학자 5인'에 꼽혔으며, 2011년에는 '유럽
을 이끄는 젊은 리더 40인'에 선정되었다. 그의 저
서 《선악의 경제학》은 세계적인 베스트셀러로 2012
년 독일 최우수 경영 경제 도서상을 수상했다.

CAPITALISM

영화 〈매트릭스〉는 사람들이 인공지능 컴퓨터가 지배하는 가상 세계에 갇힌 미래를 그린 영화다. 인공지능 프로그램과 그에 맞서 자유를 되찾으려는 영웅들 사이의 공방전을 그렸다. 주인공 네오를 연기하는 키아누 리브스^{Keanu Reeves}는 컴퓨터가 사람들의 뇌를 연결해 만든 가상 세계와 그 밖에 위치한 현실 세계를 오가며 실체 없는 적과 맞서 싸운다.

실체가 없는 적! 이 말에서 현대 자본주의 사회를 살아가는 우리를 둘러싼 상황, 즉 인터넷상에서 전자 상거래를 통해 진행되는 금융자본주의가 빚어내는 변화무쌍한 양상들을 떠올린다면 지나친 망상일까?

오늘날 전 세계는 글로벌 자본주의라는 이름 아래 시장경제의 그물망으로 촘촘히 뒤덮여 있다. 사람들은 눈에 보이지 않는 그 거대한 정보 네트워크 공간을 통해 지금 이 순간에도 쉴 새 없이 갖가지 교신과 거래를 활기차게 하고 있다. 〈매트릭스〉가 그린 가상 세계가 벌써 현실이 된 걸까?

체코 출신의 이색적인 경제학자 토마스 세들라체크는 마치 영화 속 네오처럼 오늘날 전 세계를 지배하고 있는 가상 세계의 질서에 경종을 울린다. "성장이 자본주의의 필수 전제는 아닙니다." 세들라체크는 이렇게 단언하고는 말을 이었다. "특히 우리처럼 자본주의 체제와 거리를 두었다가 나중에 받아들인 사람들이 생각하기에는 말입니다."

실제로 체코가 자본주의 국가가 된 것은 1989년 소련을 중심으로 한 공산주의 질서가 붕괴된 후의 일이다. 서로 다른 두 체제를 모두 경험한 그는 제도와 이데올로기를 상대적으로 비교하며 이해할 수 있었다. 따라서 그에게 자본주의라는 경제체제는 정치체제로서의 자유주의와 통하는 지점이 있다. 즉, 세들라체크가 정의하는 자본주의는 이윤이나 성장으로 이어지는 개념 이전에 어디까지나 '개인의 자유를 보장하기 위한 장치'라는 인식이 있는 것이다.

실제로 그가 자본주의에 대해 말할 때에는 경제학 이론과 숫자가 아니라 사회학과 종교학 등 다양한 학문 분야가 종횡무진으로 인용된다. 판타지 소설과 할리우드 대작 영화에서부터 고대 그리스 신화와 성서, 그리고 프랑스 현대사상과 정신분석학에 이르기까지 다방면에 걸친 비유를 활용한다. 이러한 다양한 비유는 현실 세계의 가치관을 무조건 받아들이는 것이 아니라 상대적이고 비판적으로 받아들이게 해 우리의 시야와 이해의 폭을 넓혀 준다.

사실 현실 세계에서 자본주의와 자유의 상관관계는 좀 더 복잡하다. 세들라체크가 자주 언급하는 예시인 '케인스의 미인 대회 투표'를 한번 떠올려 보자. 이 가상의 대회에서는 오직 1등에게 투표한 사람에게만 상금이 주어진다. 여기서 상금을 얻으려면 나의 판단이 아니라 대다수의 판단을 추측하여 투표하는 것이 중요하다.

이렇게 이중삼중의 심리전이 강요되는 현대사회에서는 자신의 '주체적 의지'가 무엇인지조차 깨닫기 어렵다. 사회 속에서 우리는 개개인으로 존재하고 사유하는 것이 아니라 대중의 한 사람으로서 존재하고 사유하기 때문이다. 그렇다면 우리는 대체 무엇을, 누구의 욕망을 채우기 위해 이처럼 매일매일 사회 곳곳을 내달리는 것일까? 세들라체크와의 인터뷰를 통해 이러한 질문들에 대해 생각해 보자.

야스다 안녕하세요, 선생님. 인터뷰를 시작하기 앞서 먼저 경제학자로서의 경력을 말씀해 주십시오. 상당히 젊은 나이에 체코 공화국 대통령 경제 자문을 맡으셨는데요.

세들라체크 네, 대통령 경제 자문이 바로 제가 맡은 첫 번째 공직이었습니다. 겨우 23세인가 24세였으니까 아직 학생 때였죠. 처음 직책을 제안하는 전화를 받았을 때, 저는 웬 여행사의 일로 착각하고 거절했지 뭡니까. 정중하게요. 그러자 학부장님이 전화를 하셔서는 이렇게 말씀하시더군요. "거절하면 안 되네. 하벨 Vaclav Havel 씨를 만나서 이야기만이라도 들어 보게나." 그래서 '응? 누구? 그 하벨?'이라고 생각했지요. 그때서야 비로소 제가 크게 착각했다는 사실을 깨달았어요.

대통령 경제 자문으로 일한 것은 굉장한 경험이었습니다. 수도인 프라하가 한눈에 내려다보이는 사무실을 사용했고,

바츨라프 하벨(1936년~2011년) 체코 공화국 초대 대통령. 극작가이자 인권 운동가. 1989년 공산당의 권력 독점을 반대하는 벨벳혁명(Velvet Revolution)을 지도해 민주주의 무혈 혁명을 성공시켰다.

대통령 경제 자문이라고 말하면 만나고 싶은 사람 누구한테든 연락할 수 있었으니까요. 예전부터 줄곧 만나고 싶었던 명망 높은 경제학자라든지, 그밖에 제가 관심을 두고 있던 사람들 모두가 반갑게 만나 주었습니다.

아마도 제게 그런 무거운 임무가 주어진 것은 체코가 이제 막 민주주의로 체제를 바꾼 나라였기 때문일 거예요. 대개는 경험이 풍부하고 연배도 있는 경제학자가 맡는 직무지만, 정부로서는 새로운 시대를 이끌어 가기 위해 공산주의 교육을 받지 않은 새롭고 젊은 인재를 원했던 거지요.

야스다 그렇지만 선생님은 프라하대학교 출신이시지요?

세들라체크 네, 그렇습니다. 하지만 4세부터 10세까지는 핀란드 헬싱키에서 보냈고, 또 15세부터 20세까지는 덴마크에서 살았습니다. 아버지가 체코항공Czech Airlines에 근무하셨거든요. 어릴 때부터 전 세계를 돌아다녔어요.

체코에서는 너무 젊은 사람을 가리켜 '턱에서 우유가 뚝뚝 떨어진다'고 말해요. 그래서 석 달 동안의 수습 기간이 끝나자마자 당시 수석 자문에게 물었습니다. "왜 하필 저를 선택하셨습니까? 저는 아직 '턱에서 우유가 뚝뚝 떨어지는' 애송이에 불과한데 말이죠" 하고요. 그랬더니 그가 이렇게 대답하더군요. "맞는 말이네. 하지만 그 우유가 신선하지."

야스다 굉장히 재미있는 대답이네요. 자문 위원 시절에는 대통령에게 어떤 조언을 하셨나요?

세들라체크 체코국립은행Česká Nábchodní Banka의 중역이나 증권 위원회 구성원을 임명하는 데에도 관여했습니다. 유럽연합European Union 등과 관련된 중요 논의에도 의견을 제시했고, 국립은행장이 대통령을 만나러 오면 제가 먼저 만나서 양측의 논점을 정리했어요. 대통령에게 브리핑하는 것도 제 업무였는데, 하벨 대통령은 철학자나 예술가 같은 타입이라 경제를 철학적으로 설명할 좋은 기회를 만난 거지요.

▬▬▬ **다양한 시선으로 바라본 경제**

야스다 굉장히 독특한 경력을 갖고 계시는데요. 현재의 학문적인 견지를 어떻게 세우셨습니까? 대학에서는 당연히 정통 경제학을 배우셨을 것 같은데, 선생님의 책은 일반적인 경제 교과서와는 완전히 다른 방식과 내용으로 쓰였더군요.

세들라체크 《선악의 경제학》에서 저는 지금까지의 경제학을 대신하는 색다른 방법과 견해를 제시하고자 했습니다. 저는 경제학 외에도 철학, 사회학, 심리학, 신화학, 신학 등의 다양한 분야를 무척 좋아하는데, 그것들을 비유로 활용해 그래프나 수학을 사용하지 않고 경제학을 설명했지요. 체코어판에는 책의 페이지도 마이너스 308페이지부터 0페이지로 거슬러 올라갑니다. 소소한 놀이라고나 할까요.

책은 먼저 〈길가메시 서사시Gilgamesh Epoth〉[•]에서 출발해 성서에 관해 이야기합니다. 서양 문명의 유산이지요. 그러고 나서 아리스토텔

길가메시 서사시
메소포타미아 문명의 대표적 문학 작품으로 세계에서 가장 오래된 서사시다. 반인반신의 영웅 길가메시를 통해 삶과 죽음의 문제를 다루고 있다.

레스Aristoteles, 플라톤Plato 등 그리스 철학자들의 사상을 통해 현대 경제 개념의 발전 단계를 설명했습니다.

제가 생각할 때 경제학 모델은 무조건 수학적일 필요가 없습니다. 저의 기본적인 방법론은 최신 경제 통계를 의심의 눈초리로 신중하게 파악하고 과거 경제 모델을 진지하게 고찰하는 것입니다. 일반적으로 경제학에서는 최신 경제 모델을 중시하고 과거 경제 모델에는 눈을 돌리지 않지만, 저는 그와 정반대로 하고 있습니다.

다양한 분야를 서로 연결시키는 것도 제가 주로 쓰는 방법론이에요. 근대 계몽 시대에 이르면 인류가 쌓아 올린 모든 지식을 한 사람 머리에 다 담기 어렵다는 것을 깨닫게 됩니다. 예컨대 한 사람이 이 세상에 출판된 모든 책을 전부 다 읽는 것은 불가능하지요. 그래서 계몽사상의 중요한 요소로 학문의 세분화, 전문화가 시작되었습니다.

물론 전문화는 매우 활발히 진행됐지만, 역설적으로 그로 인해 각각의 학문이 고립되는 경향이 생겼어요. 경제학이 심리학이나

정치, 법률 등 다양한 분야와 관련 있다는 것은 누구나 알고 있지만 그것들을 하나로 통합해 이해하고 분석하는 사람은 별로 없습니다. 매우 중요한 문제인데도 말이죠.

야스다 개인적으로는 선생님이 가지고 계신 광범위한 지식에 놀랐습니다. 《선악의 경제학》의 저자가 오랫동안 다양한 학문 분야를 연구한 지긋한 연배의 대학 교수였다면 별로 놀라지 않았을 텐데, 선생님께서는 생각보다 젊으셨거든요. 게다가 이 책에서 다루는 이야기들의 깊이는 보통의 대학 학부 과정에서 배우는 범위를 훨씬 넘어서 있어요. 이렇게 광범위한 지식을 습득해 한곳에 전부 집약하는 능력을 어떻게 키우셨는지요?

세들라체크 좋아하는 분야의 일을 배우는 것 자체가 즐거웠어요. 대통령 자문으로 일한 후에는 재무성과 체코의 대형 은행에서 근무했습니다. 낮에는 인플레이션, GDP, 실업률 같은 일반적인 경제 지표에 관해 이야기하고, 밤에는 와인을 마시며 철학이나 신학, 심리학 책을 읽었지요. 저는 그 시간을 '경제학자의 밤'이라고 부릅니다. 그러면서 여러 분야의 지식을 어떻게 경제 분야와 연결시킬 수 있을까 하고 다양한 생각을 했어요. 이 지식은 경제학과 모순이 되나? 아니면 정합성이 있을까? 하는 식이죠. 강의 때 사용할 만한 소재들도 많이 발견할 수 있었습니다.

TV 인터뷰에서는 경제학을 잘 모르는 사람도 경제를 이해하기 쉽게 설명해야 하잖아요. 그럴 때도 다른 분야의 지식들이 큰 도움이 됩니다. 이를테면 경기순환을 설명할 때 저는 "경제가 우울증Depression에 걸렸다"는 말은 틀렸다고 말합니다. 'Depression'이라는 단어는 경제학에서는 불황을 뜻하지만 심리학에서는 우울증을 뜻합니다. 그래서 "경제가 우울증이라는 것은 오진이며 실상은 조울증Manic Depression"이라고 설명하지요. 그러면 경제도 조울증 환자와 마찬가지로 약간의 호경기가 과장되어 호황(조증 상태)으로 여겨지거나, 약간의 불경기가 과장되어 불황(우울 상태)처럼 보이기도 한다는 것을 누구나 쉽게 머릿속에 떠올릴 수 있으니까요.

야스다 조증과 울증처럼 호황과 불황 모두 대처해야 한다는 말씀이군요.

세들라체크 네. 심리학이나 정신 의학에서 말하듯 조증과 울증은 똑같이 위험한 상태이며 둘 다 치료가 필요합니다. 이 역시 경제 문제를 설명할 때 도움이 되지요. 예컨대 불황일 때는 모두가 경기를 촉진시키려고 애씁니다. 그때 저는 "그 대응은 맞다. 하지만 불황(우울 상태) 때 경기를 촉진한다면, 반대로 호황(조증 상태) 때는 제동을 걸어야 한다"고 설명합니다. 그런 식으로 다양한 분야를 연결 짓는 거죠.

야스다 소설이나 영화와 같은 친숙한 대중 문화도 사례로 잘 활용하시죠?

세들라체크 그렇습니다. 소설이나 영화 이야기도 경제를 보다 쉽게 설명하는 데 도움이 됩니다. 〈매트릭스〉라든지 〈인셉션〉 같은 영화말입니다.

저는 영화 〈반지의 제왕〉에 나오는 '절대 반지'를 파괴할 수 있는 유일한 장소이자 지옥 같은 화산 지대인 모르도르와 엘프 종족이 사는 깊은 계곡인 리븐델의 GDP를 비교한 적도 있어요. 리븐델에서는 아무것도 생산하지 않습니다. 대대로 전해져 오는 유산을 계속 다음 세대로 전할 뿐이지요. 따라서 GDP는 얼마 안 됩니다.

반면에 모르도르의 GDP 성장률은 아마 20~30퍼센트는 될 겁니다. 공업화가 진행되고 있고 거주민들은 늘 전쟁 준비로 바쁘기 때문이죠. 그때 저는 묻습니다. "여러분은 모르도르와 리븐델, 어느 쪽에 살고 싶습니까?" 하고요. 이러한 예시를 통해 단순히 GDP 성장률만으로는 그 사회와 경제를 말할 수 없다는 사실을 전하고 싶은 거예요.

"경제학이 심리학이나 정치, 법률 등 다양한 분야와 관련 있다는 것은 누구나 알고 있습니다. 하지만 그것을 하나로 통합해 이해하려는 사람은 별로 없었습니다. 매우 중요한 문제인데도 말이죠."

새로운 사고방식으로 기성관념을 뒤흔들다

세들라체크　사회는 기성관념에 얽매여 있기 쉽고 사람은 누구나 고정관념을 가지고 있기 마련입니다. 저는 전혀 새로운 사고방식을 제시해 그러한 관념들을 뒤흔들려고 해요.

2008년 세계금융위기에 관해서도 저는 일반적인 생각과 다른 견해를 갖고 있어요. 말이 좀 지나치다고 할지 모르지만, 2008년에 일어난 경제 위기는 스스로 자초한 것입니다. 러시아나 중국, 아니면 UFO라도 나타나 외부에서 공격한 사건이 아니죠. 자본주의가 스스로 에너지를 소실하고 만 것입니다.

이 또한 조울증의 예를 들어 설명하면 이해하기 쉽습니다. 저는 2008년의 위기는 조증 상태가 야기했다고 봅니다. 여러 경제 지표 여러 수치들을 보면, 당시 미국의 GDP는 역사상으로 드물게도 장기간에 걸쳐 기록적인 속도로 성장을 지속하고 있었어요. 실업률은 낮고 물가상승률은 이상적이었으며 경쟁력은 점점 더 높아져 기술혁신은 그야말로 천정부지의 오름세였지요. 혁신적인 기업가 스티브 잡스^{Steve Jobs}도 건재했고 실리콘밸리는 무척 역동적이고 창조적이었습니다. 경제는 구름 한 점 없이 쾌청했다고 할 수 있었죠. 그런데 바로 그때, 미국 경제의 척추가 딱 부러진 겁니다.

그건 불황에 의한 붕괴가 아니었어요. GDP가 침체되어 있었던

2008년 세계금융위기

신용은 굳건한 것처럼 보이지만 사실 허무한 것이기도 하다. 한 번 미심쩍다는 생각이 들기 시작하면 이전까지 쌓아 올린 모든 것이 다 의심스러워진다. 2008년 세계금융위기는 그런 악몽이 현실로 나타난 대표적인 사태다. 미국의 투자은행인 리먼브라더스의 파산과 그 여파에 따른 미국의 주가 폭락이 전 세계적 위기의 도화선이 되었다.

이 사태의 원인은 서브프라임 모기지론, 즉 저소득층을 대상으로 한 주택 담보 대출에 있다. 이 대출 상품은 다른 일반 대출보다 심사 기준이 까다롭지 않는 대신 이자율이 높다. 주택 가격이 상승하면 담보 가치도 증가해 원금 상환이 어려워진 경우에도 새로운 차입이 가능하지만 주택 시장이 하강 국면으로 돌아서면 상황은 완전히 달라진다.

미국에서는 2003년 후반부터 주택 구매 붐이 일어나 저소득층과 일반 서민들을 중심으로 서브프라임 모기지론 이용이 급증했다. 하지만 그 후 주택 가격의 상승률이 둔화되자 상환 연체가 점점 증가했고 자금 회전이 점차 악화된 대출 회사에 대한 신용 불안이 생겨났다. 신뢰받는 금융 상품으로 국제적으로 팔리던 대출의 가치는 폭락했다. 겨우 한 가지 대출 상품에 대한 신용의 하락이 금융 상품 전체의 신용 하락으로 이어진 것이다. 이에 따라 대출 상품에 투자하고 있던 미국과 유럽의 금융 기관과 단기 이익을 노리는 투기 자본 헤지 펀드(Hedge Fund)가 막대한 손실을 입었고, 이러한 손실을 막거나 자금 조달을 위해 주식 매도 행렬이 이어진다. 전 세계적인 주가 폭락이 일어난 배경이다.

2008년 세계금융위기는 도미노처럼 서로 밀접하게 연결된 현대 자본주의 시장의 취약성을 결정적으로 드러낸 사건이다. 인터넷을 통해 순식간에 전 세계를 누비는 무수한 양의 정보들은 상황에 따라 중대한 불안 요소로 돌변하기도 한다. IT 기술로 연결된 세계는 케인스가 예시로 들었던 미인 대회 투표의 장처럼 불안과 같은 심리적인 요소만으로도 크게 흔들릴 수 있는 불안정 시장으로 변모된 것이다.

세계금융위기를 야기했던 리먼브라더스의 옛 본사 건물

게 아닙니다. 저는 그 현상을 '풀 스로틀Full Throttle 파산'이라고 부릅니다. 미국은 그야말로 자동차 가속 페달을 끝까지 밟으며 최고 속도로 달리다가, 그만 벽에 세차게 부딪힌 거예요. 제가 조증 상태를 조심하라고 한 이유가 바로 이겁니다. 서양의 풍요로운 국가에서는 위기가 우울증이 아니라 조증 상태로 인해 야기된 경우가 많거든요.

야스다 그래서 성장 속도를 늦춰야 할 때도 있다고 주장하시는 거군요? 속도 조절이 중요하다고요.

세들라체크 그렇습니다. 속도를 계속 올렸다면, 상황에 따라서는 늦출 줄도 알아야 하거든요. 고정관념과 관련해서 한 가지 재미있는 사례가 있어요. 《고용, 이자 및 화폐에 관한 일반 이론》에서 케인스가 든 예로 '미인 대회 투표'에 대한 이야기입니다. 잘 아시지요?

야스다 네. 우승자를 맞힌 사람에게만 상금이 주어지는 대회 말씀이시죠?

세들라체크 네, 맞아요. 케인스는 주식 시장이나 우리 사회 역시 미인 대회 투표와 닮은 데가 있다고 말합니다. 다만 이 대회에서는 미녀들이 아니라 심사위원들이 경쟁합니다. 우승자에게 투표한 심사위원이 승자인 거죠.

우리가 심사위원이라고 가정해 봅시다. 야스다 씨는 어떤 여성에게 투표하겠습니까? 저는 코가 몹시 오똑한 여성을 좋아하지만 그 여성에게 투표하지는 않을 겁니다. 국가마다 미의 기준은 조금씩 다르겠지만, 서양에서는 일반적으로 코가 너무 높은 여성은 크게 인기가 없기 때문이죠.

만약 제가 게임에서 이기고 싶다면 제가 좋아하는 취향의 여성을 찾아 표를 주는 대신 다른 심사위원들이 좋아할 만한 여성이 누구인지 추측할 겁니다. 반대로 다른 심사위원들은 제 취향을 예측하려고 애쓰겠지요. 쉽게 끝나지 않는 게임입니다. 저는 우리 사회의 고정관념이 '미인'이라고 인식할 만한 여성에게 투표할 겁니다.

야스다 그렇겠네요. 승자가 되기 위해서는 자기 취향이 아니라 다른 사람의 취향을 끊임없이 고민해야겠네요.

세들라체크 바로 그겁니다. 케인스의 미인 대회 비유에는 아주 많은 암시가 있어요.

첫째, 주식 시장의 본질을 무척 잘 담고 있지요. 주식 시장에서 사람들이 '투표'하는 것은 자신이 좋아하는 기업이 아니라 다른 사람들이 좋아할 만한 기업입니다.

둘째, 역설적이게도 이러한 경쟁으로 어느 누구도 좋아하지 않는 여성이 우승할 수도 있다는 거죠.

셋째, 저 같은 사람은 이 게임에서 사람들의 고정관념을 잘 이용하고 있다는 점입니다. 이러한 미인 대회에서는 심사위원들을 관찰하는 것이 더 유리한 전략이에요. 그 결과 우리는 '미'라고

용
어
정
리

케인스의 미인 대회 투표

대중사회에서 가치는 고정적이지 않고 불확실하며 항상 흔들린다. 이 점을 날카롭게 꿰뚫어 본 사람이 20세기를 대표하는 위대한 경제학자 존 메이너드 케인스였다. 그가 제시한 색다른 비유는 바로 미인 대회다.

"여러분이 미인이라고 생각하는 사람에게 투표해 주십시오. 단, 우승한 여성에게 투표한 분에게만 상금을 드리겠습니다." 대회에 이러한 조건이 붙는 순간, 상금을 받으려면 객관적인 미의 기준에 따르는 것도 자신이 미인이라고 생각하는 사람에게 투표하는 것도 소용없다. 그저 가장 많은 투표자들이 누구를 미인이라고 여기는지를 예측해야 한다. 게다가 다른 투표자들도 자신과 매한가지로 상금을 받기 위한 투표 전략을 짜고 있기 때문에 평균적인 투표자가 평균적인 투표자를 어떻게 예상하는지를 예측해야 한다. 기묘한 순환이 시작되는 것이다.

케인스는 전문 투자가끼리 격전을 벌이는 시장은 틀림없이 이러한 원리에 의해 지배되고 있다고 믿었다. 뜬소문에 의한 피해라든지, 불확실한 정보에 현혹된 사람들의 움직임이 순식간에 패닉 상태를 초래할 수 있는, 객관적인 '기준'이 희미해진 세계인 것이다.

여겨지는 대상의 거품을 창출하게 되죠. 우승자를 아름답다고 생각하지 않는 사람은 '어라? 내 취향이 별난 건가? 내가 이상한 걸까?' 하고 불안해집니다.

마지막으로 고정관념이 시대를 초월해 영원히 반항을 일으킬 수 있다는 점입니다. 만약 시간이 흘러서 모두의 취향이 콧날이 오뚝한 여성으로 바뀐다고 해도, 그 사실이 표면화될 수 있는 조정 메커니즘은 없습니다. 우뚝한 코가 새로운 미의 기준으로서 사람들의 고정관념으로 자리 잡지 않는 한, 우리는 기존의 고정관념에 얽매여 자신의 미의 기준과 다르지만 누가 봐도 공감할 만하다고 생각되는 여성에게 투표하기 때문이지요.

다시 말해 이러한 질서에서는 실력이 가장 좋은 기업이라도 얼마든지 실패할 수 있습니다. 왜곡된 체계는 늘 왜곡된 결과를 초래합니다.

야스다 오늘날 세계경제에서 금융시장의 중요성과 규모를 생각하면 케인스의 이야기는 몹시 의미심장하군요. 어쩌면 서브프라임 모기지론 사태도 미인 대회 투표의 비유에 들어맞을지 모르겠습니다. 많은 투자가가 서브프라임 모기지론에 투자한 것은 실제 사실과 상관없이 단지 모두가 그것이 '안전'하다고 생각했기 때문이니까요.

세들라체크 그렇습니다. 특수목적법인*이 설령 불량 채권에 투자한다고 해도 시스템은 제

> **특수목적법인**
> 기업이 자산 유동화, 부실 채권 매각 등을 목표로 일시적으로 만든 일종의 페이퍼컴퍼니

대로 기능할 거라고 생각했지만, 실제로 그렇지 않았거든요. '수학적'이고 '분석'에 근거한 것처럼 보이는 분야에 얼마나 신화나 이데올로기, 고정관념이 영향을 미치고 있는지를 알 수 있습니다. 곳곳에 안이한 요소가 존재하고 있어요.

야스다 미인 대회 이야기에서 배울 수 있는 교훈은 우리가 본질을 좀 더 주의 깊게 봐야 한다는 것이겠네요.

세들라체크 그렇습니다. 예컨대 제가 집을 한 채 소유하고 있다고 합시다. 그 가치를 어떻게 알 수 있을까요? 시장 상황을 알아보면 되겠지요. 하지만 시장이 형성되어 있지 않다면 어떨까요? 시장이 없기 때문에 가격도 알 수 없겠죠. 예컨대 우정 같은 것은 돈을 주고 거래할 수 없지 않습니까?

우리 인생에는 다양한 가치가 있습니다. 이를테면 제가 입고 있는 이 재킷이나 노트북, 휴대폰처럼 가격이 붙은 물건도 있지요. 그건 나쁜 일이 아닙니다. 제가 살고 있는 집은 제게는 매우 가치 있는 공간이고 시장 가격도 형성되어 있지요.

그렇지만 동시에 절대로 가격을 매길 수 없는 가치도 있어요. 아름다움, 사랑, 우정, 행복한 감정, 맑은 공기와 아름다운 자연 같은 것들은 모두 매우 중요하고 가치가 있지만 가격을 따로 매길 수는 없습니다. 누군가 우정의 가치를 숫자로 바꾸려 든다면 우스운 일이지요.

제가 하고 싶은 말은 수학이 세련되고 완전무결하게 보인다고 해도, 그것에만 의존해 찾은 해답은 외발뛰기와 다름없다는 것입니다. 우리의 삶, 그리고 사회에는 숫자에 포함시킬 수 없는 가치도 많이 있어요. 모두가 중요하다는 걸 잘 알지만 그것을 숫자로 나타낼 수는 없습니다. 물론 숫자도 중요하지만, 동시에 우리는 그것만으로는 현실을 있는 그대로 정확하게 나타내지 못한다는 사실도 함께 인식해야만 합니다.

"2008년 세계금융위기는 조증 상태가 야기한 위기입니다. 우리는 불황이라는 우울증만큼이나 활황이라는 조증에도 대비해야 합니다."

성장은 핵심이 아니다

야스다 그러면 이 인터뷰의 중요한 주제 중 하나인 경제성장과 금리에 대한 이야기로 옮겨 가겠습니다.

현재 일본이나 유럽을 비롯한 많은 국가에서는 마이너스 금리가 적용되고 있습니다. 이 문제에 대해 조지프 스티글리츠 교수는 흥미로운 이야기를 하셨어요. 현재 통용되는 매우 낮은 금리는 중앙은행과 재무성의 잘못된 정책이 빚은 결과이며 올바른 경제정책을 세우면 금리는 5퍼센트 정도의 정상적인 수준으로 돌아간다고 하시더군요. 선생님께서는 스티글리츠 교수의 이 의견에 대해서 어떻게 생각하십니까?

세들라체크 제로 금리나 마이너스 금리 같은 저금리 정책에 효과가 없는 것은 분명합니다. 일본이 좋은 예입니다. '잃어버린 20년'이라고 하나요? 거품경제의 붕괴 이후 오랜 세월 동안 경기가 침체되어 있잖아요. 국채를 대량으로 발행해 미래에서 큰돈을 당겨쓰는 재정 정책과 차입으로 한 자금 조달을 마치 겉으로는 싸게 빌리는 것처럼 내보이는 금융 정책, 이렇게 양방향에서 지속적으로 경기 부양책을 도모해 왔는데도 말입니다.

저금리 정책이나 대량의 국채 발행은 경제성장을 위한 정책이긴 하지만, 사실 저는 모두가 아무런 의심도 하지 않고 '성장은 좋은 일이다', '경제는 성장을 지속해야 한다'고 믿는 것이야말로 제일 큰 문제라고 생각합니다.

저는 이렇게 묻고 싶습니다. 지금 우리가 살아가는 사회는 민주자본주의 사회입니까, 아니면 성장자본주의 사회입니까? 저는 우리가 성장자본주의 사회를 살아가고 있다고 판단합니다. 성장이 사람들의 유일한 관심사이기 때문이죠. 많은 사람이 경제성장을 하지 못하면 당장 사회가 붕괴할 거라고 믿습니다. 그런데 그런 말이 어디에 쓰여 있나요? 경전에? 하늘에? 수학 모델에? 그런 사실이 과거에 증명된 적이 있었습니까? 그런 인식은 잘못된 것입니다. 경제가 반드시 성장해야 한다고 믿는 것은 어리석은 일이에요.

야스다 성장은 당연한 것도, 사회가 유지되기 위한 핵심적인 요소도 아니라는 말씀이군요.

세들라체크 그렇습니다. 성서에 기록된 이야기를 예로 들어 보죠. 약 3,500년 전 있었던, 어쩌면 인류가 최초로 경험한 경기순환에 관한 이야기입니다. 오늘날의 경기순환에 대해 생각할 때 인류 역사상 가장 오래된 경기순환 때 사람들이 어떻게 대처했는지를 먼저 살펴보는 것이 제가 경제를 연구하거나 설명할 때 잘 쓰는 방법입니다.

이집트의 파라오가 어떤 꿈을 꾸었습니다. 꿈에는 살찐 소 일곱 마리와 비쩍 마른 소 일곱 마리가 나왔습니다. 무슨 꿈인지 해석할 수 없었던 파라오는 유대인 예언자 요셉을 불러 꿈의 의미를 물었습니다. 요셉은 이렇게 대답합니다. "7년간의 풍작 뒤에 7년간의 기근이 찾아올 것입니다."

파라오는 대책을 묻습니다. 요셉은 이렇게 조언했지요. "풍작한 해에 수확한 것을 모두 소비하지 말고 저장해 두면 됩니다." 재정 정책과 비슷하지요. 파라오는 조언에 따릅니다. 마침내 기근이 찾아왔을 때 창고 가득히 쌓여 있던 곡물 덕분에 이집트는 곤경을 극복할 수 있었습니다. 파라오가 꾼 꿈은 인류 최초의 거시경제 예측이었던 것입니다.

야스다 흥미롭네요. 이 이야기를 통해 오늘날 우리가 얻을 수 있는 핵심적인 메시지가 있을까요?

세들라체크 이 이야기는 다양한 방법으로 분석되었는데요. 가장 흥미로운 해석은 인류가 현재의 역경보다도 훨씬 심각하고 고통스러운 기근이라는 위기를 외부에서 돈 한 푼 빌리지 않고 극복했다는 것입니다. 오늘날에는 상상도 할 수 없는 일이지요. 이러한 선택지는 검토조차 되지 않고 있으니까요.

야스다 그렇군요. 풍작 때 기근을 대비하는 것처럼 호황 때 불황을 대비하지는 않으니까요. 전자는 당연한 것으로 여기고 후자만을 극복할 문제로 생각하는 게 문제겠군요.

세들라체크 네. 이처럼 구약 성서에도 쓰여 있듯이 경기는 옛날부터 항상 오르락내리락 변동을 반복해 왔습니다. 해마다 성장만 계속하는 것은 무리입니다. 그랬던 적은 일찍이 단 한 번도 없었습니다. 그런데도 많은 사람이 성장을 계속하지 않으면 경제는 붕괴된다고 믿고 있어요.

계속된 성장을 전제로 경제 활동을 하고 정책을 세우는 것은 언제나 순풍이 불 거라는 안이한 생각을 전제로 배를 만드는 것과 같습니다. 그래서는 좋은 배를 만들 수 없어요. 파도가 잔잔할 때나 폭풍우가 몰아닥칠 때나 아무 문제없이 항해할 수 있는 배가 좋은 배지요. 날씨의 덕을 보는 것보다 더 좋은 일은 없지만, 화창한 날씨만을 전제로 한다면 비바람에는 꼼짝하지 못하는 배밖에 만들 수 없습니다.

하지만 우리 사회는 그런 안이한 전제를 당연하게 여기고 있습니다. 경제는 당연히 때에 따라 후퇴하거나 정체하기도 하는데, 우리의 사회 모델이나 연금 모델, 그리고 은행 업무까지도 모두 경제성장을 전제로 하고 있어요.

다시 말하지만 경제는 상황에 따라 성장하지 않을 수도 있어요. '경제는 계속 성장해야만 한다'는 말을 사람들로부터 항상 듣는데, 그러면 저는 이렇게 대답합니다. "물론 성장하면 좋지요. 하지만 성장하지 못하고 있습니다." 이건 마치 '날씨가 맑아야 한다. 날씨가 맑아야 한다' 하고 주문을 외우는 경우나 다를 바가 없어요. 저로서는 이런 대답을 할 수밖에 없습니다. "네? 하지만 지금 밖에는 비가 내리고 있는 걸요."

야스다 우리가 좀 더 현실을 직시해야 한다는 말씀으로 알아 들어도 될까요?

세들라체크 바로 그겁니다. 저는 지금 그저 좀 더 현실적이 되자고 주장하는 거예요. 우리 사회가 물질적인 면에서 영구적으로 계속해서 성장하는 것은 불가능합니다. 경제는 어느 국가에서나 때에 따라 좋아지기도 하고 나빠지기도 합니다. 저는 이것을 '회전목마 위기'라고 부릅니다.

지금으로부터 60년 전에는 영국이 유럽 경제의 '암'이었어요. 15년 전에는 독일, 그리고 지금은 그리스가 그런 존재입니다. 1991년에는 소련이 붕괴되고 핀란드가 유럽의 '암'이 되어 수많은 고학력 젊은이가 일자리를 잃었습니다. 호황이나 불황이 어느한 국가에만 머무는 일은 없습니다. 나름 다행이라고 할까요? 어쨌건 미래에 어느 국가가 승자가 되고, 어느 국가가 '암'이 될지는 쉽게 예측할 수 없습니다.

저는 성장에 반대하지는 않지만, 이 점은 분명히 강조해 두고싶어요. 화창한 날씨를 싫어하는 사람은 드뭅니다. 하지만 매일화창한 날씨가 이어지는 것이 당연하며 항상 좋은 기분으로만 지내야 한다고 믿는다면, 생각과 달리 때때로 악천후가 덮쳐 오기도 하는 인생이 얼마나 우울하겠어요? 살다 보면 비 오는 날이나바람 부는 날도 있기 마련이고, 또 그런 날도 필요합니다.

제 주장을 반박하는 상대는 분명 경제는 성장하는 게 당연하다고 주장할 테지만, 잘못된 생각입니다. 예컨대 아이는 성장하지만어른은 성장하지 않습니다. 그렇다면 경제는 대체 언제까지 아이의 상태인 걸까요? 어른을 억지로 성장시키려고 하면 키가 자라는 게 아니라 살만 찔 뿐입니다.

경제도 마찬가지예요. 이미 다 자란 어른이라 할 수 있는 선진국에서도 물질적 성장이 당연하다는 식의 논리는 경제학계가 가지고 있는 대표적인 신화에 불과합니다. 객관적인 수치나 공식으로 입증되는 것도 아닌데, 그저 억지에 불과한 강한 믿음이 그런무한 성장의 신화를 낳은 것입니다.

"아이는 성장하지만 어른은 성장하지 않습니다. 그렇다면 우리 경제는 언제까지나 아이의 상태인 걸까요?"

핵심은 민주주의

야스다 선생님께서는 성장 그 자체에는 반대하지 않지만 사람들이 불필요하거나 불가능한 경우에도 오로지 성장에만 지나치게 집착하는 게 문제라고 생각하시는 거군요.

세들라체크 그렇습니다. 시스템 전체가 성장을 핵심 전제로 구축되고 정의되고 있습니다. 저는 옛 공산주의 국가 출신이지만 체코가 공산주의, 전체주의 정권을 버리고 막 자본주의를 도입하기 시작했을 무렵부터 제가 굳게 믿었고, 지금도 여전히 믿고 있는 신념이 있어요.

바로 우리가 살아가는 민주자본주의의 본질은 개인의 자유에 있다는 것입니다. 물론 경제가 계속 성장하는 것은 좋은 일입니다. 하지만 성장이 반드시 필요하지는 않아요. 사회의 최우선 목표는 아니라는 뜻이죠. 자동차에 비유한다면 최고 속도와 같아요. 중요하냐고 물으면 대답은 '그렇다'지만, 가장 중요한지를 물으면 '아니요'가 되는 거죠.

야스다 그렇다면 성장이 아닌 어떤 다른 가치가 자본주의의 핵심 요소일까요?

세들라체크 벨벳혁명 때 체코 시민들은 민주자본주의가 성장에 가장 적합한 비옥한 토양이라고 믿었습니다. 하지만 최근 20년 동안 이 관계는 역전되어서 지금은 성장이 시장경제민주주의의 필수 조건이라고 믿게 되었습니다. 하지만 저는 그것이 잘못된 신념이라고 생각해요.

성장이 시장경제민주주의의 필수 조건이라는 말을 믿는다면 자본주의는 성장 없이는 유지할 수 없다는 뜻이 됩니다. 그래서 억지로라도 성장을 지속해야 하는 거지요. 채무나 은행 경영, 그 외 여러 부분을 희생해서라도 말입니다.

이것은 실제로 지금 체코 정부가 하고 있는 일이기도 합니다. 하지만 그렇게 해서는 그리스와 같은 운명이 기다리고 있을 뿐이에요. 이런 의미에서 사실 그리스는 남들보다 뒤지고 있던 것이 아니라, 가장 먼저 앞서 가는 바람에 다른 국가들보다 20년 정도 일찍 파산한 것일지도 모릅니다.

그러므로 무엇을 믿느냐가 무척 중요합니다. 어떤 가치가 자본주의의 핵심 요소냐고 질문하셨지요? 만약 민주자본주의의 본질적인 의의가 개개인의 자유에 있다는 것을 믿는다면 성장하지 않아도, 심지어 마이너스 성장이라도 아무런 문제가 없습니다. 우리가 믿는 것은 민주주의이며, 그 핵심은 자본에 의해 사회가 좌지우지되는 것이 아니라 사회 구성원 모두의 자유를 최우선으로 하

벨벳혁명 1989년 체코슬로바키아에서 일어난 평화적인 시민 혁명이다. 공산 정권을 무너뜨리고 최초의 자유선거를 이루어 냈다.

는 것이니까요. 그렇지만 안타깝게도 실상은 그렇지 않습니다. 우리는 자신도 모르는 사이에 '성장자본주의'라는 신화에 홀려 있으니까요.

장기 저성장 시대에 대비하라

야스다 성장에 대해 우리가 가지고 있는 맹목적인 집착을 없애려면 어떻게 해야 할까요? 특히 선진국에서는 구성원 대다수가 공통적으로 성장이 당연하다고 인식하고 있습니다. 이러한 사람들의 사고를 단번에 바꿀 수는 없기 때문에 인식 전환에는 상당히 많은 시간이 걸릴 것 같습니다.

이 문제와 관련해 저는 일본의 젊은 세대가 실마리를 쥐고 있을지 모른다고 생각합니다. 생활 만족도 통계 조사를 보면 10대부터 20대 초반 젊은 세대에서 삶의 만족도가 높습니다. 가설에 불과하지만, 어쩌면 일본의 젊은 세대는 경제의 제로 성장이나 마이너스 성장에 이미 익숙해 있기 때문에 성장에 대한 기대치가 낮고 집착도 없을지 모르겠어요.

세들라체크 그럴지도 모르겠군요. 이것도 가설입니다만, 일본이 성장하지 못하는 것은 우수한 경제학자가 없어서가 아니에요. 오히려 일본의 교육은 세계 최고 수준인데도 성장하지 못하고 있습니다. 왜 그럴까요? 한 가지 생각할 수 있는 이유가 있습니다. 이미 모두가 아이패드를 두 대씩 갖고 있기 때문에 누가 한 대를 더 공짜로 준다고 해도 누구도 원하지 않는 상황인 것입니다. 이러한 상황을 '황금 천장설'이라고 합니다. 풍요가 넘쳐서 더 이상 원하는 게 없어진 상태인 거지요.

이 설을 믿느냐 믿지 않느냐는 중요하지 않습니다. 중요한 것은 황금 천장설이 옳다고 한다면, 왜 그것을 나쁘다고 생각하느냐는 것입니다. 관점을 달리하면 '황금 천장'은 자본주의적 성장의 종착점에 도달했다는 뜻입니다. 이미 모두 손에 넣었어요. 더 이상 아무도 원하지 않는 물건을 만들어도 의미가 없으니 더는

산업화된 대도시의 야경 세들라체크는 선진국들이 경제성장률에 집착하는 것을 비판한다. 아이가 어른이 되면 성장이 멈추는 것처럼 자본주의적 성장에도 종착점이 있다는 것이다.

일하지 않아도 됩니다. 모두가 단 한 번뿐인 인생인데 아무도 원하지 않는 물건을 만드느라 시간을 쏟고 무의미한 일을 되풀이하는 것은 어리석은 일입니다. 제 생각에는 오히려 '만세!'를 부르며 축하해야 할 순간입니다. 그렇지 않겠어요? 경제가 성장하지 않는 것은, 아까 말씀드린 대로 경제가 '어른'이 되어 더 이상 성장할 필요가 없다는 증거일 수 있으니까요.

심리학이나 정신 의학에서는 우울증을 초래하는 가장 일반적인 이유 중 하나가 바로 목표 달성이라고 설명합니다. 오래전부터 결혼하고 싶었던 여성과 결혼한다거나 꿈에 그리던 직업을 갖게 된 경우, 또 학생이라면 열심히 공부해서 어려운 시험에 합격하는 순간, 사람은 우울 상태에 빠지는 거죠. 허탈해지는 거예요. 달성하고 나면 목표가 없어지니까요. 현재 우리가 경험하는 자본주의의 불황도, 말하자면 성공 후에 나타나는 우울증 같은 것일 수도 있어요. 지금 우리는 더 이상 간절히 바랄 꿈이 없는 상태인지도 모릅니다.

"우리는 이미 자본주의적 성장의 종착점에 도달했는지도 모릅니다."

호황에도 브레이크는 필요하다

야스다 우리가 빠져 있는 성장자본주의라는 신화의 실체에 대한 말씀 잘 들었습니다. 그런데 사람들이 성장에 신경을 쓰든 안쓰든 상관없이 경제가 성장하는 경우도 있습니다. 그 점에서 생산을 계속 늘리는, 즉 경제성장을 목표로 정책을 계획할 필요가 없다고 생각하십니까?

세들라체크 저는 인위적인 형태의 성장과 진짜 성장을 구분하고 있습니다. 인위적인 형태의 성장은, 말하자면 제로 금리에서의 성장입니다. 지속적이지 않을뿐더러 부자연스러운 성장이지요. 재정 적자가 심할 때도 마찬가지입니다. 진정한 성장은, 이를테면 누구나 고대하던 새로운 기술의 전지가 발명되었을 때 일어납니다. 그런 성장에는 문제가 없어요. 제가 드리고 싶은 말은, 성장한 만큼 소비를 늘리는 것이 아니라 채무를 감소시켜야 한다는 점입니다.

약간 과장일지도 모르지만, 방금 든 예처럼 새로 발명된 전지 덕분에 GDP가 5년에 걸쳐 30퍼센트 증가했다고 가정해 봅시다. 그렇다면 정부가 다음에 해야 할 일은 무엇일까요? 바로 경기를 낮게 억제하고 남는 에너지를 채무를 갚는 데 충당하는 일입니다. 안정이 속도보다 중요하기 때문이지요. 속도가 늦더라도 안정된 인터넷 회선이, 아무리 속도가 빨라도 자꾸 끊기는 인터넷 회선보다 좋다는 뜻입니다. 한창 영화나 책을 다운받는 도중에 오류가 생기면 참 곤란하잖아요? 제가 말하고 싶은 것은 바로 그 점입니다. 불황일 때 경기를 살리고 싶다면 그에 대비해 호황일 때에도 경기를 적절하게 억제할 필요가 있습니다.

불황에 관련된 도서는 많이 있습니다. 새로운 이론은 거의 대부분 불황기에 만들어졌어요. 케인스도 오스트리아학파˙도 불황에 대한 대책을 논하고 있습니다. 반면에 경기 억제에 대해 쓴 책은 거의 없어요.

대부분 국가는 중앙은행에서 목표를 정하고 있어요. 물가상승률이 제로면 바람직하지 않다고 생각하기 때문입니다. 그와 마찬가지로 성장률의 한계도 정해 놓아야 합니다. 예를 들어 일본의 경우라면 GDP 성장률의 한계를 1퍼센트로 정하는 거지요. 그러고는 성장률이 그 수치를 넘어서면 성장을 억제하고 남은 에너지를 불황에 대비해 축적해야 한다는 말씀을 드리고 싶습니다.

> **오스트리아학파**
> 1870년대 오스트리아 빈 대학을 중심으로 한 경제학 학파. 멩거(Carl Menger), 뵘바베르크(Eugen von Böhm-Bawerk), 비저(Friedrich von Wieser) 등에 의해 창시되었으며, 이들의 뒤를 이은 하이에크(Friedrich Hayek) 등을 신오스트리아학파 또는 빈학파라고 부른다. 상품 가치를 그것의 소비로 생기는 주관적 한계효용으로 설명했으며, 자유경쟁의 우위와 개인주의 사상을 신봉했다.

애덤 스미스에 대한 오해

야스다 스티글리츠 교수님은 "애덤 스미스의 주장은 틀렸다"고 말씀하셨습니다. '보이지 않는 손' 같은 건 없다고 말이죠. 굉장히 흥미로운 지적인데요. 이에 관해서는 어떻게 생각하십니까? 선생님의 견해를 들려주십시오.

세들라체크 애덤 스미스의 책은 곤혹스럽습니다. 《국부론》에서는 사회 질서에 필요한 매개체는 자기 이익이며 그것만으로 충분하다고 생각하게끔 글을 써 놓았습니다. 그런데 다른 책에서는 전혀 상반되는 말도 하고 있으니까요.《도덕감정론》서두에는 인간이 비록 이기적인 존재이지만, 동시에 자신에게 아무런 이득이 없어도 타인의 행복을 염려하는 천성도 가지고 있다고 주장하고 있거든요. 언뜻 생각하면 서로 모순이지요. 한쪽에서는 사회를 구성하는 매개체가 개개인의 자기 이익 추구라고 말하면서, 다른 한쪽에서는 타인에 대한 공감이라고 말하고 있으니까요.

우리는 대체로 타인이 괴롭기를 바라지 않습니다. 사람들을 만났을 때 "좋은 하루!"라고 인사하지요. 모두가 기본적으로는 서로의 행복을 바란다는 증거입니다. "최악의 하루!"라고 말하는 사람은 아주 이상한 사람을 빼고는 없잖아요. 바로 이 지점에서 애덤 스미스에 대한 오해가 있다고 생각합니다.

저는 애덤 스미스가 '사회에는 두 개의 다리가 있다'라는 말을 하고 싶은 거라고 해석해요. 한 가지는 '자기중심성'이고 또 한 가지는 '공감'인 거죠. 만약 한쪽 다리로만 서 있으려고 한다면 무언가 중요한 것을 잃게 됩니다.

스티글리츠 교수가 말한 대로 경제를 좌우하는 보이지 않는 손 같은 건 존재하지 않습니다. 우리 모두는 그 사실을 잘 알고 있어요. 보이지 않는 손이라니, 무척 이상한 말입니다. 도덕적인 면은 전혀 신경 쓰지 않고 오직 자기 이익만을 추구하더라도, 보이지 않는 손이 어떻게든 잘 조절해 줄 거라니요!

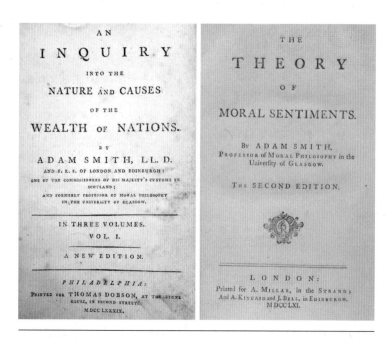

애덤 스미스의 《국부론》(좌)과 《도덕감정론》(우).

실제로 우리가 가지고 있는 것은 오로지 오른손과 왼손밖에 없
습니다. 오른손으로 좋은 일을 했나 싶으면 왼손으로 나쁜 짓을
하고는 하지요. 그냥 가만히 있어도 우리를 좋은 방향으로 이끌
어 주고 부정적인 부분을 알아서 제거해 주는, 눈에 보이지도 않
고 절대적인 힘을 가진 시장의 신 같은 건 어디에도 존재하지 않
아요.

부유함이 아니라 여유가 필요하다

야스다 한 가지만 더 스티글리츠 교수님의 이야기를 하겠습니다. 그는 불황의 원인 중 하나는 총수요의 감소이므로 경제 규칙의 불평등을 시정하고 환경과 교육, 인프라 등에 투자해서 총수요를 증가시키면 경기가 자연스럽게 촉진된다고 주장합니다.

선생님은 총수요에 대해서는 어떻게 생각하시는지요? 인위적인 성장과 진정한 성장의 차이에 대해 말씀하셨는데, 총수요에 대해서도 의견을 듣고 싶습니다.

세들라체크 체코를 예로 들면 공산주의 정권 시절에도 경제 위기는 있었습니다. 그것은 공급 위기였어요. 경제학에서는 무엇이든지 수요와 공급으로 설명하는데, 이를테면 설탕의 수요는 있었지만 제대로 공급되지 않았던 거죠. 바나나도 자동차도 마찬가지 상황이었어요. 그러다보니 중고차가 오히려 신차보다 가격이 비싸게 팔리는 진귀한 현상도 일어났지요. 신차를 사려면 중고차를 살 때보다 훨씬 더 오래 기다려야 했으니까요.

그때의 경제 위기는 공급 위기였습니다. 수요가 건전하고 총수요도 충분했지만 공급이 미처 따라가지 못했던 거지요. 어떤 해에는 두루마리 화장지가 상점 판매대에서 사라졌고, 또 어떤 해에는 면도칼이 자취를 감췄어요. 여기 수염이 잔뜩 난 제 얼굴을 보면 잘 아시겠지요?

그런데 현재 체코는 정반대입니다. 공급에는 문제가 없어요. 설탕도 면도칼도 자동차도, 뭐든지 있습니다. 문제는 총수요보다 많은 자동차를 생산하고 있다는 점이에요. 공산주의 정권에서는 사람들이 굶주리고 있는데 음식물이 부족한 상황이었고, 지금은 먹을거리는 충분히 있는데 식욕이 부족한 상태입니다. 식욕 부진에 대해 정부가 하고 있는 일은 재정 정책이나 금융 정책을 이용해 인위적으로 식욕을 만들어 내는 것입니다.

만약 제 분석과 비유가 올바르다면, 즉 음식은 남아도는데 식욕이 부족한 점이 문제라면, 어째서 그 문제에 대한 해결책이 요리를 더 많이 만들고 더 효율적으로 만드는 것이 될까요? 왜 요리를 그만두지 않는 거죠? 요리하던 손을 잠시 멈추고 느긋하게 여유를 즐기면서 쉬어도 되잖아요? 아, 일본이나 한국에서는 '과로사'라는 말이 있다지요?

야스다 과로사요?

세들라체크 굉장히 위험한 현상이라고 생각합니다. 만약 아내가 자기 아이, 또는 다른 가족들이 굶어 죽을 지경에 이르러 그들을 먹여 살리기 위해서 죽어라 일해야 하는 상황이라면 이해가 됩니다. 하지만 지금 과로사는 세계에서 가장 부유하기로 손꼽히는 국가에서 일어나고 있어요.

이러한 현상은 '발전하지 못하면 훌륭한 사람이 아니다', '성장하지 못하면 바람직한 경제가 아니다' 같은 왜곡된 사고에서 기

과로사 산업 재해의 한 종류인 과로사는 일본에서 처음 명명되어, 영어로도 일본어 'Karoshi(過勞死)'를 그대로 쓴다. 과중한 업무와 스트레스로 인해 발생하며, 한국에서도 큰 사회문제가 되고 있다.

인하는 겁니다. 그것은 옳지 않아요. 경제성장이 둔화되었다면 경제가 아닌 다른 분야에서 성장하면 되는 겁니다. 예컨대 문화 예술이나 정신적인 면에서요. 인류가 좀 더 성장해야 할 분야는 그밖에도 얼마든지 있습니다. 사회가 풍요로워질수록 일이 점점 늘어난다는 건 상당히 안타까운 일이에요.

제가 유럽과 미국의 친구들에게 자주 하는 말이 있습니다. "만약 유럽 사람들이 일본인처럼 열심히 일했다 하더라도……." 물론 우리는 절대로 그렇게 하지 않겠지만요. 일본인은 대체로 매우 수준 높은 교육을 받고 성실하게 일하지요. 상사가 원하는 한 줄곧 직장에 머물면서요. 하지만 전 이렇게 생각합니다. "아마 우리가 그 정도로 열심히 일했다 하더라도 결국 성장이 멈추는 상황은 닥쳐올 거야"라고요.

제가 볼 때 일본은 매우 부유하지만, 예컨대 일본인 관광객을 보면 휴가가 너무 짧아서 유럽 전체를 단 이틀 만에 돌아볼 정도로 시간 여유가 없더군요. 저는 궁금합니다. 사람들이 그 정도로 여유가 없다면, 대체 일본의 부유함은 무엇을 위해서 존재하는 걸까요? 결국 일본은 우리 체코보다 과연 무엇을 더 많이 가지고 있는 걸까요? 물론 일본의 음식은 무척 훌륭하고 맛있습니다. 하지만 그 외에는 딱히 부유해 보이지 않습니다.

"우리가 성장해야 할 분야는 물질적인 부 외에도 얼마든지 있습니다."

낙수효과라는 거짓말

> **아베노믹스**
> 일본 총리 아베 신조(安倍晉三)가 2012년부터 경기 침체 회복을 위해 시행한 경제정책. 과감한 금융완화와 재정지출 확대, 경제성장 전략을 주 내용으로 한다.

야스다 경제성장에는 여러 가지 효과가 있습니다만, 그 하나로서 중산층만이 아니라 최하층을 끌어올리는 방법도 생각할 수 있습니다. 아베노믹스Abenomics[•]는 그 효과를 믿고 있거든요.

세틀라체크 그렇습니다. 효과는 확실히 있어
요. 경제가 성장하면 빈곤층도 조금은 덕을
봅니다. 하지만 최하층까지 효과가 닿기에는
너무 많은 시간이 걸리기 때문에 빈곤 대책

낙수효과
고소득층 및 대기업의 성장 촉
진이 중장기적으로 저소득층
과 중소기업 등에게 혜택이 돌
아가 전체적으로 경기가 활성
화된다는 이론.

으로서는 비효율적이지요. 미국에서는 2~3세대에 걸쳐 GDP 성
장이 계속되었지만 빈곤층은 그 혜택을 입지 못했습니다. 성장의
혜택을 받은 것은 대부분 성장에 가장 가까웠던 사람들, 즉 부유
층과 대기업이었지요.

낙수효과Trickle Down•의 비효율성을 알기 쉽게 설명하는 예를 하
나 들어 보겠습니다. 야스다 씨가 어느 빈곤 국가에 갔다고 합시
다. 빵을 사려고 빵집에 가면 주인이 묻겠지요. "손님, 어디서 오
셨나요?"

당연히 친구가 되려고 묻는 게 아닙니다. 손님이 어느 나라에
서 왔는지 알기 위해서지요. "일본에서 왔다"고 대답하면 빵집 주
인은 머릿속으로 일본의 빵 시세를 확인합니다. 그리고 이렇게
말하겠지요. "빵 한 덩어리에 400입니다. 특별 가격이에요."

그 나라의 빵 시세를 빤히 알고 있는 야스다 씨는 화가 납니다.
"아니, 바가지를 씌우려 하다니! 이곳에서 빵 한 덩어리 가격은
50 정도인 걸 아는데." 그러자 빵집 주인은 반론합니다. "당치도
않아요. 싸게 사시는 겁니다. 일본에서는 빵 한 덩어리에 500을

지불하지 않습니까?"

여기서 빵 한 덩어리가 400 정도라면 공정한 거래라 할 수 있을 것입니다. 야스다 씨는 100을 절약할 수 있고 빵집 주인은 350을 버는 거죠. 물론 현실에서 이 논리는 통용되지 않아요. 아마도 야스다 씨는 그 가게를 그냥 나가게 될 테니까요. 다른 가게에 가면 더 싸게 살 수 있기 때문이지요. 부유한 국가에서 온 사람이 가난한 국가의 빵집보다 빵 가격을 결정하는 데 유리한 입장에 있는 것입니다. 즉, 부유한 사람이 더 부유해져도 그로 인해 가난한 사람이 받는 혜택은 많지 않아요.

이와 비슷한 예로 국제 경제학에서도 틀렸다고 지적하는 이론이 있습니다. 바로 자유무역이 부유한 국가와 가난한 국가의 격차를 줄이는 효과가 있다는 주장입니다. 이 이론이 반드시 옳은 것은 아닙니다. 무역은 분명 쌍방에 이익이 있기는 하지만, 사실은 윤택한 국가 쪽이 훨씬 더 이득을 보기 때문이에요.

단순한 예를 제시해 보죠. 어떤 빈곤 국가에서 커피를 1킬로그램 당 10에 팔고 있다고 합시다. 일본에서는 같은 커피가 1킬로그램 당 1,000에 판매되고 있습니다. 즉, 재정 거래*의 여지가 큰 경우입니다.

그렇다면 가격은 얼마로 설정해야 할까요? 논리적으로는 보통 절충해서 500이라고 답할 겁니다. 그러면 가난한 국가는 490을 벌 수

재정 거래
차익 거래. 상품 가격이 시장마다 다를 경우 가격이 싼 시장에서 매입해 비싼 시장에 매도함으로써 매매 차익을 얻는 거래 행위를 말한다.

있고, 부유한 일본은 절약한 500으로 다른 물건을 살 수 있습니다. 가격을 500 이하로 책정해서 빈곤국이 더 많이 벌 수 있도록 한다면 논리적으로는 아주 옳은 대답일 거예요.

하지만 역시 현실은 다릅니다. 이 경우 보통 가격은 11 정도가 되거든요. 실제 무역에서는 부유한 국가가 거의 990의 이득을 보는 반면 가난한 국가는 1밖에 벌지 못합니다. 왜 그럴까요? 대답은 간단합니다. 부유한 국가가 가격의 결정권을 쥐고 있기 때문이지요. 가난한 국가는 가격 수용자일 뿐입니다.

"GDP 성장이 계속되었지만 빈곤층은 그 혜택을 입지 못했습니다. 성장의 혜택을 받은 것은 대부분 성장에 가장 가까웠던 사람들, 즉 부유층과 대기업이었지요."

━━━━━━　　　　　　　　　　**금리는 음주와 비슷하다**

야스다　전 세계적으로 계속되는 저금리와 경제성장에 대해 이야기를 나누었습니다. 이번에는 이자에 관해 본질적인 질문을 드리겠습니다. 이자의 좋은 면과 나쁜 면에 대한 의견을 들려주십시오. 선생님의 책에서도 이자의 기원에 대해 설명하셨는데요.

세들라체크　이자는 실로 흥미로운 개념입니다. 문명의 역사에서 오래된 문서들을 읽어 보면, 이자에 대한 풍자적이고 재미있는 이야기가 많이 나옵니다. 유대교와 기독교 경전인 성서나 브라만 교의 경전인 베다Veda, 이슬람교의 경전인 코란Koran, 아리스토텔 레스의 철학서 등 아주 다양해요. 왜 그런지 모르겠지만 이 모든 책에서 이자는 항상 부정적으로 취급되고 있어요. 거의 모든 종 교가 이자를 금지하고 있습니다. 아리스토텔레스도 이자를 취하 면 안 된다고 했거든요.

이자라는 건 기묘합니다. 현대사회에서는 인터넷뱅킹 등을 이 용해 돈을 거의 빛의 속도로 이동시킬 수 있다는 걸 누구나 알고 있습니다. 이것은 쉽게 이해할 수 있어요. 하지만 사람들이 잘 이 해하지 못하는 부분은 바로 돈이 시간 여행을 한다는 점입니다. 영화 〈빽 투 더 퓨처〉에서 이루어지는 것처럼 말이지요.

사람들은 은행에서 돈을 빌리면 그 돈이 은행에서 나온 것이라 고 생각하기 쉽지만 실제로 돈의 출처는 미래의 자신입니다. 예 컨대 제가 은행에서 100만 엔을 융자받는다면 그건 사실 60세 의 토마스 세들라체크에게서 100만 엔을 받은 거예요. 즉, 이자 의 기능으로 돈을 미래에서 현재로 이동시킬 수 있는 거지요. 이 는 이자가 없다면 매우 어려운 일입니다. 이자 없이 돈을 융자하 면 자선 사업이 되니까요.

저축이나 차입, 또는 재정 정책이나 금융 정책도 기본적으로는 에너지를 조작해서 일종의 시간 여행을 하는 것입니다. 재정 정

이자

무언가를 일정 기간 빌릴 때, 거기에 대가가 붙는 것은 당연하다. 물건을 빌릴 때 감사 인사를 하는 심리가 상거래의 바탕에 깔려 있는 것일까? 시간은 돈이다. 시간은 돈을 낳는다. 하지만 이러한 현대 자본주의 사회의 상식은 옛날에는 거의 모든 종교에서 금지되었다.

"런던에서 장사를 하려고 합니다. 자금으로 100피오리니를 빌려주시겠습니까?" 14세기 이탈리아 피렌체에서 있었던 한 상인의 상담 이야기다. 교회가 이자는 일하지 않고 얻는 불로소득이라며 눈을 번득이며 엄격하게 규제하던 상황에서, 국경을 초월해 화폐를 이동시킴으로써 이익을 낼 아이디어를 생각해 낸 남자가 있었다. 바로 조반니 디 비치 데 메디치(Giovanni di Bicci de' Medici), 세계적으로 유명한 메디치 가문의 시조다. 그는 이런 식으로 거래를 거듭해 막대한 이익을 벌어들였다.

사실 이자와 같은 관습은 화폐 경제 이전부터 존재했다고 하는데, 조반니 메디치 때에 이르러 비로소 공간의 차이를 이용한 이익 증식이 합법화된 것이다. 어쩌면 이자의 탄생이야말로 자본주의의 최대 발명이자 금단의 과실이라고 할 수 있을지도 모르겠다.

책이 원활하게 기능한다면, 경기가 좋을 때 에너지를 저축해 두고 불경기 때 저축해 둔 에너지를 사용할 수도 있겠죠.

그러고 보면 이자는 술과 좀 비슷하지 않나요? 술도 에너지를 시간 여행시키니까요. 이를테면 우리는 금요일 밤에 술을 마시다가 갑자기 기묘한 소리를 지르기도 하고 평소에는 부르지 않던 노래를 사람들 앞에서 거침없이 부르기도 하지요. 그러고 보니 일본은 가라오케의 나라였지요? 술이 좀 들어가는 편이 더 기분 좋게 노래를 부를 수 있지요. 사람들은 아마 술 덕분에 없었던 에너지가 뿜어져 나온 거라고 생각할 것입니다.

하지만 그렇지 않아요. 술은 따로 에너지를 만들지 않습니다. 다만 토요일 아침 몫이던 에너지를 금요일 밤으로 시간 여행시킨 것뿐이지요. 우리가 주말에 쓸 에너지의 합계는 일정하고, 다만 에너지의 이동이 있었던 것뿐입니다.

이러한 비유는 경제 위기를 읽는 한 가지 방법입니다. 취하고 싶다면 금요일 밤에 취하는 것이 좋아요. 토요일에 아무 예정이 없다면 말이죠. 하지만 일요일 밤에 과음하는 것은 현명한 선택이 아닙니다. 음주는 단지 다음날 숙취로 고생하고 마는 데서 그치지만, 돈은 40년에서 50년 이상 상당히 오랜 세월을 후유증을 앓을 수 있어요. 그래서 더 조심해야 하는 겁니다. 정작 필요한 시기가 왔을 때, 이미 에너지를 다 써 버리고 없는 경우가 생길 수 있거든요. 재정 정책도 금융 정책도 기본적으로는 에너지를 조작하는 속임수이므로 현명한 정치가와 중앙은행의 은행가들은 차입금에 관해 매우 신중합니다.

빚은 언젠가 갚아야 한다

야스다 그것은 현재 일본에서 분명 일어나고 있는 일입니다. 일본 정부는 국채라는 형태로 미래에서 돈을 지나치게 많이 가져왔어요. 많은 사람이 장래를 걱정하고 있습니다. 아까 말씀하셨습니다만, 현재 일본이나 유럽 연합을 비롯한 많은 국가에서 마이너스 금리가 형성되어 있습니다. 이는 역사적으로도 매우 드문 일이라고 생각하는데, 어떻게 분석하시는지요?

세들라체크 이상한 일입니다. 오랜 세월 동안 경제학을 연구해 왔지만 본 적도 들은 적도 없는 현상이에요. 인플레이션에 관해 쓰인 어느 교과서에서도 전혀 언급되어 있지 않고, 어딘가에 단 한 문장이 쓰여 있을 뿐입니다. 그래서 기존 지식으로는 어떻게 해야 좋을지 알 수가 없어요.

이는 경제학이 만들어 낸 신화에 우리가 지금껏 맹목적이었다는 것을 보여주는 예입니다. 제로 금리나 마이너스 금리와 같이 돈을 싸게 빌려주는 것은, 제가 보기에는 약간 교묘하고 위험한 일입니다. 재정 정책과 금융 정책은 마약과 비슷한 데가 있어요.

만약 마약을 싸게 손에 넣을 수 있다고 해서 그것을 꼭 사용해야 하나요?

제로 금리라면 정부는 매우 싸게 돈을 빌릴 수 있습니다. 그래서 정부는 돈을 차입하자는 논의를 벌이는 거지요. 하지만 저는 그 입장에 반대입니다. 설령 공짜라도 마약에 손을 대서는 안 됩니다. 경제가 차입금이라는 마약에 한 번 의존하게 되면 멈출 수 없게 됩니다. 그 마약은 경제의 성격까지도 바꿔 버릴 겁니다. 그러면 경제는 언젠가 파멸을 맞이할 거고요.

야스다 말씀을 들으니 일본 경제가 더욱 걱정이 됩니다.

세들라체크 일본은 GDP 대비 230퍼센트나 국채를 안고 있는데, 다른 국가에서는 상상할 수 없는 일입니다. 일본은 어찌된 일인지 이렇게나 많은 차입금을 조달할 수 있었는데요. 이렇게 쌓아 올린 부는 사실 모두 빚더미에 불과합니다. 그리고 빚은 언젠가는 갚아야 합니다.

바람직한 투자를 위해서라면 돈을 빌려도 괜찮다는 의견도 있습니다만, 이러한 관점에도 저는 반대입니다. 금요일 밤이 아무리 즐거워도, 혹시나 바에서 미래의 배우자라도 만나 분위기가 한창 무르익는다 해도 숙취는 다음날 어김없이 찾아옵니다. 마찬가지로 아무리 바람직한 투자라도, 이를테면 고속도로나 대학, 최첨단 연구소 신설에 투자했다 하더라도 빚은 반드시 갚아야만 해요.

일본처럼 교육 수준이 높고 우수한 경제학자가 있어서 잠재 능력이 무척 높은 국가조차도 지금 차입금 변제로 심하게 고생하고 있어요. 성장을 사기 위해 안정을 팔아 치우고 만 것입니다.

하지만 사실 가장 큰 문제는, 지금까지는 그런 방식으로도 어떻게든 버텨 왔다는 겁니다. 우리는 항상 그랬던 건 아니지만 대체로는 지금껏 줄곧 성장하는 경제를 만들어 왔습니다. 하지만 경제는 급속하게 성장하기도 하지만, 상황에 따라 순식간에 붕괴하기도 합니다.

차입금과 반대의 경우를 떠올려 보십시오. 정부가 빌리는 입장이 아니라 빌려주는 입장이었다면 흥미롭겠지요? 정부와 민간 은행 사이에 발생하는 이자의 메커니즘이 역전되고 정부는 이자를 지불하는 쪽이 아니라 받는 쪽이 됩니다.

또 이러한 상상은 어떨까요? 2008년 세계금융위기가 발생했을 때 만약 채무가 제로였다면? 위기의 영향은 채무가 제로에서 약간 늘어나는 정도였을 테고, 심각한 위기도 아니었겠지요. 그때 그렇게나 파장이 컸던 것은 위기를 맞이한 시점에서 이미 많은 채무를 끌어안고 있었기 때문입니다.

야스다 이자가 술과 비슷하다고 하셨는데, 그렇다면 술을 마셔도 숙취가 생기지 않는 좋은 방법은 없을까요?

세들라체크 단언할 수 있는데, 그런 방법은 없습니다. 절제하는 것만이 유일한 방법입니다. 조울증과의 유사성으로 설명하자면, 거의 모든 알코올 의존증 환자는 문제가 숙취(우울 상태)에 있다고 생각합니다. 하지만 틀렸습니다. 문제는 숙취가 아니라 금요일 밤의 조증 상태입니다. 숙취로 머리가 아플 때 뭐가 잘못되었을까, 어떻게 대처해야 할까, 누구나 생각하지만 이미 늦었어요. 잘못은 이미 전날 밤에 일어난 겁니다.

야스다 술 이야기는 무척 재미있군요. 앞뒤가 꼭 맞는 이야기입니다. 사실 금리나 금융 정책은 적어도 부분적으로는 정치적인 문제이므로 중앙은행이 어느 정도 조절하고 통제할 수 있습니다.

하지만 금리의 장기적인 성향을 살펴보면 많은 선진국에서 금리가 낮아지고 있어요. 물론 그것은 주로 민간 기업의 수익률을 반영하고 있어서 비즈니스나 자본주의의 장래를 불안하게 생각하는 경향도 반영되고 있습니다만. 선생님께서는 금리의 장기적인 저하 경향을 어떻게 평가하십니까?

세들라체크 우리가 완벽하게 조절할 수 없는 일에는 특히 신중해야 할 겁니다. 금리는 완벽하게 통제할 수 없는 일 중 하나입니다. 금리를 설명하는 모델이나 측정하는 방법은 있지만 제로 금리를 봐도 알 수 있듯이 우리는 사실 진정한 의미에서 금리를 제대로 이해하지 못하고 있어요.

그러므로 이자를 다룰 때는 매우 주의해야 합니다. 정부는 차입금이 아니라 저축으로 투자를 충당하는 편이 훨씬 좋습니다. 차입금에 비하면 투자가 가능할 때까지 시간이 더 걸리고, 금리가 제로라는 점을 생각하면 비용 역시 약간 높아지겠지만 분명히 훨씬 안전합니다. 2015년에 저축했던 돈을 2016년에 사용하면 되는 거니까요.

낮은 금리는 원래 신뢰의 증거입니다. 신뢰할 수 있는 상대에게는 그렇지 않은 상대보다 낮은 금리로 돈을 빌려주잖아요. 문제는 그 신뢰가 조증 상태로 인해 쉽게 영향을 받는다는 겁니다. 술에 취해서 조증 상태가 되었을 때 부탁받은 대로 돈을 빌려주면 다음날 후회하게 되거든요. 제로 금리나 마이너스 금리도 이와 비슷한 문제를 안고 있습니다.

야스다 그렇군요. 성장 문제를 생각할 때 금리나 재정이라는 요소도 함께 생각하지 않으면 안 된다는 말씀이시죠?

세들라체크 제 주장은 두 가지예요. 하나는 제로 금리라는 지속 불가능한 상태에서는 GDP 계산에 의미가 없다는 것입니다. 냉동 창고 안에 있는 사람의 체온을 측정해서 그 사람의 건강 상태가 정상인지 아닌지 진단하는 행위나 다름없는 일이지요.

또 한 가지, 재정 적자도 마찬가지입니다. 재정 적자가 GDP 성장률의 세 배가 될 때 성장률에는 더 이상 의미가 없습니다. 재정 적자가 GDP의 3퍼센트이고 GDP성장률이 1퍼센트라면, 1퍼센트의 성장을 3퍼센트의 차입금으로 산 것과 같은 거죠. 그러한 성장에 의미가 있을까요?

은행에서 100만 엔을 빌려서 자신이 100만 엔만큼 부자가 되었다고 생각하는 사람은 바보뿐입니다. 누구나 아는 사실이죠. 하지만 정부가 이 같은 일을 한다면, 다시 말해 은행에서 GDP의 3퍼센트를 차입하고 그것을 재원으로 공공투자해서 GDP 1퍼센트의 성장을 달성한다면 아마도 제 동료들은 모두 크게 기뻐하면서 샴페인이라도 터뜨릴 겁니다. 우리는 1퍼센트 더 풍요로워졌다면서 말이죠. 하지만 그건 잘못된 판단입니다.

일본에도 같은 말을 할 수 있어요. 일본은 체코보다 훨씬 부자입니다만, 채무도 훨씬 많습니다. 어느 쪽이 진짜 부자일까요? GDP는 '신성하고 견고한 수치처럼 보이지만 사실 손쉽게 조작할 수도 있는 것입니다.

"금요일 밤이 아무리 즐거워도 숙취는 다음날 어김없이 찾아옵니다. 마찬가지로 아무리 바람직한 투자라도 빚은 반드시 갚아야만 해요. 차입금으로 쌓아 올린 부는 모두 빚더미에 불과합니다."

이자라는 맹수

야스다 아까 고대 사회에서는 이자가 금지되어 있거나 악으로 여겨진 적이 많았다고 말씀하셨는데요. 한편으로는 이자에 적어도 두 가지 효과가 있다고 생각합니다.

이자를 취하는 일이 정당한 것으로 인정받지 못하는 사회에서는 돈을 빌릴 때 사람들의 신뢰나 공감에 의지하는 수밖에 없습니다. 가족이나 친척, 또는 친구에게는 무이자로도 흔쾌히 돈을 빌려주는 사람이라도 모르는 사람에게는 빌려주지 않아요. 지적하신 대로 이자가 없으면 자선 사업이 되어 버리기 때문에 그 경우에는 이자를 취하는 것이 맞습니다.

이자가 사회적으로 인정되면 차입에 의한 투자 조달이나 투자가 쉬워져서 경기가 촉진됩니다. 이자에 따라 익명으로 돈을 빌리고 빌려주는 일이 가능해지고 금융시장이 활발해지지요. 반면에 신뢰와 공감으로 얼굴을 맞대고 하는 거래에 대해서는 사람들의 관심이 엷어집니다. 그런 의미에서 이자에는 좋은 면과 나쁜 면이 동시에 있다고 할 수 있지 않을까요?

세들라체크 말씀하신 대로입니다. 이자는 칼이나 불과 같아요. 완벽하게 제어할 수 있다면 무척 도움이 되겠지만, 그건 불가능하지요. 우리는 발밑이 약간 흔들거리는 미지의 영역에 들어와 있는 겁니다. 원래는 안전지대에 머물러 있어야 할 은행이 지금은 아슬아슬한 곳에 서 있어요. 미국 록 밴드 에어로스미스 Aerosmith의 노래 중에 〈Livin' on the Edge〉라는 곡이 있는데, 이 노래 제목처럼 벼랑 끝에 오래 머물러 있다가는 언제 발밑이 흔들려 떨어질지 모릅니다. 은행은 항상 보수적이고 매우 신중해야 하는데, 우리는 은행을 살지 죽을지 모르는 위태로운 경계선으로 몰아넣고 있어요. 술에 취해 정상 궤도를 벗어난 상태인 거죠.

물론 이자는 필요합니다. 우리가 살아가는 사회구조가 그런 것을 필요로 하고 있으니까요. 인생에서 가장 수입이 많을 때는 50~60대인데, 지출이 가장 많은 시기는 가족이 새로 생기고 아이나 자동차에 돈이 드는 30~40대입니다. 따라서 대출을 받아 장래의 돈을 현재로 시간 여행을 시키는 것이지요.

문제는 기대만큼 수입이 늘어나지 않을 때 생깁니다. 기대치와 실제의 오차를 파악하기는 무척 어렵기 때문에 은행이 안전한 리스크 모델을 구축하는 것이 중요해요.

경제 위기에서 아이러니한 것은, 금리가 기본적으로 도산 리스크를 고려해서 설정되는데도 불구하고 실제로 도산하면 시스템 전체가 붕괴되고 마는 점이지요. 저는 제 친구인 수학자 데이비드 오렐David Orrell이 사용하는 비유를 자주 인용하는데 바로 이런 이야기입니다. 자본주의나 은행은 충돌사고가 일어나지 않는 한 완벽하게 기능하는 에어백을 탑재한 자동차와 같다. 에어백은 완벽하다. 물론 사고가 일어나지 않는 한은.

야스다 재미있는 예시네요. 금리 역시 그런 에어백과 같다는 말씀이신 거죠?

세들라체크 바로 그렇습니다. 경제도 마찬가지로, 위기를 알아차렸을 때는 이미 늦어 버린 경우가 많습니다. 미래는 우리가 늘 예측할 수 있고, 벼랑 끝에 몰려 아슬아슬할 때까지 금리를 미세 조정할 수 있다고 생각하다가는 막상 문제가 일어났을 때 업계 전체가 벼랑에서 떨어지고 맙니다.

이자는 필요합니다. 저는 이자 자체에는 반대하지 않아요. 하지만 이자가 무엇인지, 이자를 어떻게 다루는 것이 좋을지는 잘 모르겠습니다. 이해하기도 어렵고요. 다만 옛 선인들은 충분히 경고했습니다. 이자를 조심하라고. 그건 올라탈 수 없는 맹수와도 같다고 말이지요.

야스다　말씀을 들어 보니 이자는 성장자본주의와 관련 있는 것 같습니다. 10퍼센트라든지 5퍼센트의 금리를 설정하는 것은 그 비즈니스가 그만큼의 이익을 창출할 것을 전망하고 있다는 뜻이 되겠네요. 그렇다면 금리는 장래를 판정하는 기준이라고 할 수 있습니다. 금리를 설정하면 성장에 대한 기대도 그만큼 높아지는 거지요. 그러한 의미에서 이자가 성장자본주의의 기원이라고 할 수 있지 않을까요? 이자가 사람들의 사물을 보는 시각을 바꾼 것일지도 모르겠습니다.

세들라체크　네, 맞습니다. 잘 지적하셨어요. 경제학자 폴 크루그먼은 기본적으로 이렇게 주장하고 있습니다. '금리를 낮춰서 채무를 늘리면' '경기가 좋아져서' '채무를 변제하기 수월해진다.' 저는 이런 주장에 찬성할 수 없습니다. 한번 가운데 문구를 빼 보겠습니다. 어떻게 될까요? 다른 의미가 보일 겁니다. '채무를 늘리면' '채무를 변제하기 수월해진다'. 은행가라면 여기서 머릿속

폴 크루그먼(1953년~) 미국의 대표적인 경제학자. 무역 이론과 경제 지리학을 결합한 공로로 2008년 노벨 경제학상을 수상했다. 현재 뉴욕 시립대학교 경제학 교수로 재직 중이며, 주요 저서로 《경제학의 향연》, 《불황의 경제학》 등이 있다.

의 경고등이 일제히 깜빡이기 시작하겠지요. 안돼, 위험해! 라고요.

크루그먼의 주장은 우리 경제가 얼마나 채무에 의존하고 있는지를 잘 보여주고 있어요. 과잉 채무는 제가 보기에는 현대 자본주의 경제가 안고 있는 가장 큰 문제 중 하나인데, 그 문제를 해결하기 위해서 채무와 소비를 늘리라고 부추기고 있는 거예요.

인류의 원죄는 과잉 소비에 있다

세들라체크 대부분의 경제학자들은 한결같이 2008년에 발생한 금융 위기의 원인이 과잉 소비에 있다고 말합니다. 가계의 과잉 소비, 은행의 과잉 융자, 정부의 과잉 소비입니다.

과잉 소비를 경계하는 우화는 구약 성서의 첫 부분에 나와 있어요. 아담과 이브가 창조된 에덴동산의 이야기입니다. 중세 교회에서는 어째서인지 원죄를 성^性적인 죄라고 해석해 지금도 사람들의 머릿속에는 그렇게 각인되어 있지요. 하지만 정작 성서에는 성적인 기술은 없습니다. 겨우 한 페이지를 차지하는 그 짧은 이야기에 반복되어 나오는 것은 오히려 '소비'라는 말입니다. "이 과실을 소비해서는 안 된다." 이런 식으로 소비라는 단어가 스무 번이나 나오거든요.

그래서 저도 원죄를 소비에 관련해서 해석하고 있습니다. 그들이 금단의 열매를 먹었기 때문이에요. 공복이라 어쩔 수 없었던 게 아니에요. 선악을 알고 싶은 유혹에 진 겁니다. 즉 욕망에 진 것이지요. 과잉 소비의 전형적인 예입니다.

다시 성서에 나오는 천지창조 이야기로 거슬러 올라가 인류가 낙원에서 추방된 이유를 생각해 봅시다. 지금도 인류는 심리적으로 스스로를 낙원에서 계속 추방하고 있는데, 왜 그럴까요? 항상 더 많이 소비하고 싶어 하기 때문입니다. 아득히 먼 옛날이야기지만 오늘날에도 통합니다.

그렇다면 과잉 소비의 해결책은 과연 어디에 있을까요? 많은 정부가 혈안이 되어 추진하는 대책은 더욱 소비를 늘리는 것입니다. 그 결과 정부는 현재 세계금융위기 이전보다 더 큰 금액의 채무를 지고 있어요. 어처구니없는 일입니다. 그야말로 불로 불을 끄려는 것이나 다름없어요.

우리 사회가 가장 중요하게 여기는 자유는 일찍이 '물건으로부

루카스 크라나흐(Lucas Cranach), 〈에덴동산〉 에덴동산은 구약 성서에 나오는 신이 인간을 위해 만들었다는 이상향이다. 최초의 인간인 아담과 이브는 사탄의 유혹에 넘어가 신이 접근을 금지한 유일한 과일인 선악과를 먹고 낙원에서 쫓겨난다. 세들라체크는 이 이야기를 '과잉 소비'의 관점에서 이해하고 있다.

터의 자유'를 의미했습니다. 하지만 현재는 '소비의 자유'로 변모하고 말았어요. 소비할수록 사람들은 자유를 느낍니다. 만약 소비하지 못하게 되면 자유를 느끼지 못해요. 그래서 계속 일해야 합니다. 필요도 없는 물건을 사기 위해서 하고 싶지도 않은 일을 합니다. 우리가 끊임없이 노동을 해야 먹고살 수 있다는 건, 신이 내린 에덴동산의 주술과 다름없어요.

야스다 한 가지 질문이 있습니다. 예전에 제가 인도네시아의 한 기업가와 인터뷰를 한 적이 있었는데요. 신흥 기업의 CEO는 자본주의가 야기할 수 있는 옳고 그름 문제에는 별로 흥미가 없는 듯했어요.

현재 인도네시아 경제는 성장자본주의 상태라고 말할 수 있을 텐데요. 신흥국의 성장자본주의에 대해서는 어떻게 생각하시나요? 선진국에서는 이미 규모의 경제가 잘 통용되지 않습니다만, 개발 도상국은 상황이 다릅니다. 과잉 소비 문제에 대해서도 인도네시아는 아직 그 단계에 이르지 않았다는 생각이 드는데, 그렇다면 향후 어떠한 징후에 주의를 기울이면 좋을까요?

세들라체크 제 메시지는 순수하게 부유한 국가들을 향한 것입니다. 과잉 소비의 문제를 끌어안고 수요 부족을 해소하기 위해 억지로 수요를 증가시키려고 하는 국가 말이죠. 빈곤한 국가는 제가 말한 것들의 대상이 아닙니다. 저는 부유한 국가에게 글로벌 자본주의의 과로사를 피하자는 말을 하고 싶은 거예요.

야스다 그럼 과잉 소비에 빠진 국가와 아직 그 단계에 이르지 않은 국가와의 구별은 어떻게 하지요?

세들라체크 사람들이 굶주리거나 집을 가질 수 없고 보살핌을 받지 못하는 고아가 있으며 여성이 결혼하지 않고서는 혼자 생활할 수 없다면 빈곤한 국가겠지요? 실업률이 높은 나라나 부의 분배에 극단적인 불평등이 있는 나라는 힘겨운 상태에 놓여 있어

성장과 부가 필요합니다. 반면에 일본이나 체코, 유럽은 전혀 다른 문제를 안고 있어요. 미국은 특수해서 격차가 매우 크기 때문에 또 다른 문제를 짊어지고 있고요.

야스다 이자에 관해서 조금 더 이야기를 나누고 싶습니다. 우리의 경제나 사회, 사람들의 사고를 바꾼 역사적인 순간은 수없이 많은데요. 아까도 성서에 나오는 이야기를 해 주셨고요. 그렇다면 이자의 전환기는 언제였습니까?

세들라체크 복잡합니다. 구약 성서에서는 이자를 인정받지 못했던 반면, 신약성서에는 예수 그리스도의 달란트Talent에 관한 이야기가 있습니다. 주인이 하인 세 명에게 각각 능력에 맞게 5달란트, 3달란트, 1달란트를 주면서 길을 떠나라고 명령합니다. 5달란트, 3달란트를 받은 하인들은 장사를 해서 원금을 늘려 돌아왔지만, 1달란트를 받은 하인은 돈을 땅 속에 숨겨 뒀다가 그대로 주인에게 돌려주었습니다. 그러자 주인이 이렇게 말하지요. "최소한 그 1달란트를 은행에 맡겼더라면 이자가 붙었을 텐데."

이처럼 예수는 이자 자체를 부정하지 않습니다. 중세 후기의 토마스 아퀴나스Thomas Aquinas도 이자를 어느 정도 허용했습니다. 하지만 셰익스피어의 《베니스의 상인》 이야기가 상징하듯 이자는 대체로 사람들에게 부정적으로 비칩니다. 이 이야기는 굉장히 반유대적이지요. 유대인 샤일록은 평소 자신을 무시해 온 상인에게 돈을 빌려주는 대신 빚과 이자를 제대로 갚지 못할 경우 상인의 복부 살 1파운드를 달라고 요구합니다. 셰익스피어는 이런 잔혹한 요구를 묘사함으로써 이자의 부정적인 이미지를 나타내려고 했는지도 모릅니다.

그런데 그리스어 원문으로 된 신약 성서에서 '채무'는 '죄'를 의미합니다. 이 점을 생각하면 주기도문은 "우리가 우리에게 '채무를 진' 사람을 용서하듯이, 우리의 '채무'를 용서하소서!" 라고 말한다고 이해할 수도 있지요. 그렇기에 셰익스피어는 자기 작품을 통해 채무를 조심하라고 경고한 것입니다. 채무는 신세를 망친다고요. 채무 때문에 피를 흘리고 생명을 잃는 일까지 생길 수 있다고 말입니다.

야스다 오늘날에도 채무 때문에 개인이나 가정, 회사가 파멸로 치닫는 경우가 매우 많습니다.

세들라체크 네. 채무에는 사회 전체를 망가뜨리는 힘이 있습

토마스 아퀴나스(1225년~1275년) 중세 기독교를 대표하는 신학자이자 스콜라 철학자. 아리스토텔레스 철학과 기독교 신학을 조화시켰다. 주요 저서로 《신학대전》 등이 있다.

블랙 기업
저임금과 장시간 노동을 강요
하는 불량 기업을 말한다.

니다. 피의 대가로 피를 요구하는 게 아니라, 돈의 대가로 피를 요구하는 샤일록의 이미지 는 우리 사회의 억압된 부분을 나타내고 있습 니다. 성장하는 경제를 만들어 내는 데 얼마 큼의 고통이 따를까요? 오늘날 블랙 기업*에서 얼마나 많은 사람 이 고통받고 있습니까? 부유함이라는 대낮의 밝은 태양 아래서 말입니다.

"오늘날 자유는 '소비의 자유'로 변모하고 말았어요. 소비할 수록 사람들은 자유를 느낍니다. 그래서 필요도 없는 물건 을 사기 위해서 하고 싶지도 않은 일을 합니다."

산업혁명이 빼앗은 우리의 삶

야스다 이번에는 현재의 저금리, 저성장 문제에서 조금 벗어나 역사를 거슬러 가 보시죠. 산업혁명은 현대사회로 직접 이어지는 근대 자본주의 사회가 등장하는 계기가 된 경제사의 중요한 전환 기였습니다. 그렇다면 산업혁명은 과연 어떻게 사람들의 욕망과 자본주의의 형태를 바꾸었다고 생각하십니까?

세들라체크 산업혁명은 사람과 물건 사이에 큰 거리를 만들었어요. 휴대 전화를 예로 들어 보죠. 누구나 사용하고 있어 마치 파트너 같습니다. 온종일 주머니에 넣고 다니는 사람도 많지요. 화장실 갈 때도 들고 가고 밤에 잘 때도 머리맡에 둡니다. 친구 중에 그 정도로 친한 사람이 있나요?

그런데도 저는 휴대 전화의 구조를 잘 알지 못합니다. 휴대전화에 관한 모든 것을 알고 있는 사람은 어쩌면 세상에 한 사람도 없을지 모릅니다. 디스플레이나 배터리 등 부분적으로 잘 아는 사람은 있겠지요. 다시 말해 저와 휴대 전화 사이에는 거리감이 있는 것입니다.

저는 제가 입고 있는 옷을 만든 사람이 누군지 몰라요. '이탈리아제'라고 쓰여 있지만 누가 봉제한 것인지 알 수 없습니다. 마실 물을 스스로 조달하지도 못하고 사냥도 하지 못합니다. 매일 먹고 있으면서도 쌀을 직접 재배하지는 않지요.

산업혁명 전에는 사람과 물건의 거리가 훨씬 가까웠습니다. "이 소는 존이 키웠어" 하는 식으로 말이지요. 인간은 서로가 필요했고 긴밀하게 연결되어 있었어요. 또한 기본적으로 마을 안에는 전문직이 한정되어 있었습니다.

찰리 채플린Charles Chaplin이 감독과 주연을 맡은 영화 〈모던 타임스〉에 야스다 씨의 질문에 대한 대답이 될 만한 묘사가 나옵니다. 주인공인 채플린은 공장에서 일하는데요. 그곳에서는 인간이 기계의 일부처럼 취급됩니다. 주인공이 기계 부품처럼 일하고 있는 동안에는 아무 문제가 없지만, 그가 잠시 몸을 긁기라도 하면 당장 작업이 중단됩니다. 그리고 당황해서 허둥대는 사이에 기계로 빨려 들어가지요. 산업화 시대를 단적으로 보여주는 빼어난 장면입니다. 주인공은 기계의 거대한 톱니바퀴에 끼어 찌부러지면서도 작업을 계속합니다.

야스다 산업화에 의해 노동이 달라졌군요?

세들라체크 그렇죠. 사람은 자신을 위해 일하기를 포기하고 그저 어딘가로 돈을 벌기 위해 일하러 가게 된 겁니다. 그리고 대신 '여가'를 취하게 되었어요. 예전에는 일과 여가가 따로 분리되어 있지 않았거든요. 이것은 산업화를 상징하는 현상이지요. 변화를 야기한 것은 자본주의가 아니라 산업화와 도시화입니다. 러시아와 체코 등 공산주의 국가에서도 같은 현상이 일어났으니까요. 자본주의와는 관계없이, 산업화에 의한 변화라고 할 수 있습니다.

그리고 이 변화로 인해 사람들은 사는 의미를 잃어버렸어요. 본래 일은 인생에 의미를 주는 것입니다. 하루 여덟 시간 이상 일하는 사람이라면 더더욱 말이죠. 따라서 단순한 분업은 실제로 사람을 정신적으로 괴롭게 합니다. 오늘날 가족끼리 경영하는 소규모 회사나 수작업 제품으로 회귀하는 현상이 일부에서 확산되고 있는 것도 그런 이유일지도 모릅니다.

유명한 우화가 있어요. 어떤 부자가 낚시를 하고 있는 가난한 남자에게 다가가 지금 뭘 하고 있는지 물었죠. 남자가 "낚시를 하

〈**모던 타임스**〉 1936년 영화로 찰리 채플린이 제작과 감독, 각본, 주연을 맡았다. 기계 문명 도입에 따른 인간 소외와 이익만 추구하는, 인간성이 결여된 자본주의에 대한 비판의 메시지를 담았다.

고 있소" 하고 대답하자 부자는 이렇게 제안합니다. "그물망을 여러 개 사서 사업을 해야죠. 그러면 사람들을 고용해 더 많은 물고기를 잡을 수 있잖소." 부자의 말을 들은 남자가 묻습니다. "왜 그렇게까지 열심히 돈을 벌어야 하나요?" 그러자 부자가 대답합니다. "물론 나중에 은퇴하고 나서 낚시를 즐기기 위해서지요."

즉, 낚시를 하던 가난한 남자는 사업을 하지 않아도, 더 많은 물고기를 잡지 않아도 처음부터 이미 행복했습니다. 물론 부자가 제안한 것처럼 그물망을 사서 사업을 해도 행복은 찾아올지 모르지만, 그 과정에서 여유를 잃고 큰 고생도 경험하게 되겠지요. 위험을 동반한 데다 결과마저 보장할 수 없습니다.

야스다 많은 사람이 돈과 경력을 위해 치열하게 일하고 있지만, 정작 경력을 쌓고 충분한 돈을 번 뒤에는 또 무엇을 목표로 삼아야 행복할 수 있을지 진지하게 고민하는 사람들은 적다는 뜻이로군요. 흥미로우면서도 한편으로는 씁쓸합니다. 오늘날 사람들은 왜 그러는 걸까요?

세들라체크 그렇죠. 그건 일과 오락이 분리되어 있으면서도 서로 명확하게 구분할 수 없기 때문입니다. 생각해 보십시오. 만약 아리스토텔레스가 살아 돌아와 오늘날 우리가 일하는 모습을 본다면 분명히 당황해 할 겁니다. 컴퓨터 앞에 앉아서 커피를 마시며 인터뷰에 응한다거나 점심을 먹으러 나가서도 스마트폰으로 계속해서 정보를 이쪽에서 저쪽으로 이동시키지요. 기본적으로 '정보 이동'은 선진국 경제의 중심이 되는 서비스업의 대부분을 차지하는 전형적인 일입니다. 하지만 아리스토텔레스의 눈에는 오락으로 보일 겁니다.

그렇다면 자유로운 시간이 생겼을 때 우리는 무엇을 할까요? 아마 조깅이나 사냥을 하기도 하고 때로는 정원을 손질하겠지요. 특히 체코에서는요. 또 요리도 할 거고요. 그러나 우리가 오락으로 하는 이런 행동들이 아리스토텔레스에게는 일인 거지요. 이처럼 일과 오락은 시대나 상황에 따라 개념이 달라지므로 명확히 선을 그어 구분할 수가 없습니다.

노동에 관해서는, 경우에 따라 대가를 받을 때 오히려 동기부여가 잘 안 될 수도 있다는 흥미로운 연구 결과도 있습니다. 헌혈이 그 한 예인데요. 헌혈이 노동이냐 아니냐는 일단 논외로 하고, 헌혈의 대가로 돈을 지불하면 오히려 헌혈하는 사람이 줄어들고 혈액의 질도 떨어진다고 해요. 사람들이 헌혈을 하는 심리에는 대가 없이 필요한 사람에게 자신의 혈액을 나눠 주고 싶은 마음이 크기 때문입니다. 대가를 지불하면 혈액이 더 많이 모일 거라는 기존의 경제적 접근법이 보기 좋게 빗나간 것입니다.

이렇듯 시대에 따라서도 개념이 달라지는 데다 사람들의 심리에도 크게 좌우되기 때문에, 결국 오늘날 무엇이 노동이고 무엇이 오락인지를 명확히 구분 짓기란 불가능합니다.

"사람은 자신을 위해 일하기를 포기하고 그저 어딘가로 돈을 벌기 위해 일하러 가게 된 겁니다. 대신 '여가'를 취하게 되었어요. 일과 여가의 분리, 이것이 산업화를 상징하는 현상입니다."

▅▅▅▅▅ 또 하나의 금단의 열매, 인공지능

야스다 산업화는 금단의 열매였던 걸까요? 그렇다면 현대 자본주의 사회에서 금단의 열매는 뭐라고 생각하시는지요?

세들라체크 성서 속 아담과 이브 이야기에서 금단의 열매는 과잉 소비였습니다. 주어진 것보다 더 많이 소비한 거지요. 금리 역시 금단의 열매여서 큰 부를 가져다주는 한편, 문제를 불러일으키기도 합니다.

우리는 진보를 추구하지만 동시에 그것을 두려워하는 마음도 있습니다. 영화 〈매트릭스〉의 주인공들도 그렇잖아요? 거의 모든 SF 영화가 그렇듯이 미래에 대해 낙관적인 영화는 사실 별로 없어요. 어떤 영화를 봐도 '우리를 파멸로 몰아넣을 것을, 다른 누구도 아닌 우리 스스로 만들어 내고 말았다'고 경고하지요.

종교나 신화 속 이야기들도 비슷합니다. 19세기의 독일 철학자 프리드리히 니체Friedrich Nietzsche는 '신은 죽었다'라고 말했습니다. 중세 시대, 종교를 통해 인간의 삶 전반을 관여하던 '신'은 근대 이후 영향력을 잃게 되는데, 다른 누가 아닌 인간에 의해 '죽음'을 맞이했다는 것이죠. 프라하의 골렘Golem•이야기도 그렇습니다. 주문을 외우면 진흙 인형이 골렘으로 변신해 핍박받는 사람들을 지켜 주지만 잘못 사용하면 광폭해지거든요. 또 광산 노동자들의 생명을 위해 만든 다이너마이트가 살상 도구가 되는 식으로 우리 자신을 위해 만든 물건이 우리에게 발톱을 드러내 달려드는 경우는 많습

골렘
유대교 전설 속에 나오는 움직이는 흙 인형. 16세기 말 체코 프라하의 전승에 따르면, 한 유대인 랍비가 신성 로마 제국 황제에 의해 유대인이 핍박받는 것을 막기 위해 만들었다고 한다.

니다.

이것은 저는 '주종역전主從逆轉' 현상이라고 부릅니다. 어떤 대상이 자신만을 따르도록 에너지를 쏟아붓는 경우가 있잖아요. 하지만 이때 무턱대고 지나치게 많은 에너지를 쏟아넣으면, 결국 나중에는 오히려 우리가 그 대상을 쫓아가는 데 급급하게 되는 경우가 많이 있거든요.

산업화에도 그런 현상이 보입니다. 물론 산업화가 일어나

프리드리히 니체(1844년~1900년) 독일의 철학자. '이성'과 '객관성' 중심의 서구 철학 전통과 기독교 전통을 정면으로 비판해 '망치를 든 철학자'라고 불린다. 20세기 실존주의와 포스트 모더니즘 철학에 큰 영향을 끼쳤다. 대표 저서로 《비극의 탄생》, 《차라투스트라는 이렇게 말했다》 등이 있다.

고 생산력이 비약적으로 발전한 것은 기쁜 일이지만 산업화에도 두 개의 얼굴이 있어요. 마치 두 얼굴의 신 야누스 같지요.

야스다 정확히 산업혁명 시기의 기계들이 그러한 역할을 했지요. 오늘날에도 비슷한 경우가 있을 것 같습니다.

세들라체크 오늘날 우리가 만들어 낸 금단의 열매는 바로 정보통신기술Information Technology와 인공지능Artificial Intelligence입니다. 모두 우리가 원해서 만들었고 또 수많은 혜택을 가져다 준 산물이지만, 동시에 윤리적인 관점이나 철학적인 관점에서 보면 좀 더

인공지능 인공지능은 인간처럼 학습하고 판단하고 사고하는 컴퓨터 프로그램 탄생을 최종 목표로 한다. 컴퓨터의 계산 능력이 이미 인간을 월등히 능가한다는 점에서 인공 지능의 발전을 둘러싼 우려의 시선도 있다. 이와 관련해서는 2016년 기념비적인 사건이 하나 있었다. 바로 구글 딥마인드(Deepmind)가 개발한 인공 지능 바둑 프로그램 알파고(AlphaGo)와 한국의 프로바둑기사 이세돌 9단이 격돌한 것이다. 경기는 사람들의 처음 예상과 달리 알파고의 4:1 압승으로 끝났으며, 이때 거둔 이세돌 9단의 1승은 지금까지 인류가 인공 지능 바둑 프로그램을 상대로 거둔 마지막 승리로 남아 있다.

신중해야 합니다.

특히 인공지능에 대해서는 누구나 위험을 감지하고 있고, 극단적인 경우 그것이 우리를 파멸시킬 수도 있다는 두려움마저 느끼고 있어요. 한편으로는 개발을 중지시켜야 한다고 생각하면서도 실제로는 저지하지 못한다는 점에서 아주 흥미로운 발명품입니다. 사실 인터넷도 마찬가지죠. 오늘날 현대인이 인터넷을 아예 그만두는 것은 불가능합니다. 때때로 그것이 매우 위험하고 파괴적일 수 있다는 점을 잘 알면서도, 절대 멈출 수 없는 분야가 세상에는 존재하지요.

상상해 보세요. 앞으로 100년 후에는 컴퓨터가 우리를 대신해 육체노동뿐 아니라 지적 노동까지 하게 될지 모릅니다. 그러면 인간은 어떻게 될까요? 인간이 지금 하고 있는 일은 어떻게 될까요? 어쩌면 인간은 과거 말이 맞이했던 것과 같은 말로를 맞이할지도 모릅니다. 예전에는 노동에 말을 이용했지만 지금은 거의 이용하지 않잖아요? 그렇다면 인간도 말과 같은 길을 걷게 될까요? 경제학자들이 스스로 빈번하게 던지는 질문이지요.

이제 우리는 인공지능에 어떻게 대처할 것인지를 고민해야 합니다. 만약 인공지능이 우리를 대신해 일한다면 인간은 기본 소득 보장 제도를 도입해 더욱 여가 생활에 몰두해야 하는 걸까요? 인공지능은 인간에게서 일을 빼앗습니다. 인간이 보다 편해지기 위해 더더욱 인공지능을 원한 결과입니다. 그러므로 컴퓨터가 인간을 대신해 일해 주기를 정말로 바란다면, 인공지능이 창출하는 이익의 사회적 분배에 대해서도 생각해 두어야 합니다.

사실 이 문제는 지금부터 생각한다 해도 너무 늦었을 정도입니다. 극단적인 경우 인공지능이 창출하는 이익이 몇몇 사람 손에 독점될 수도 있습니다. 그 몇몇 사람만 엄청난 부자가 되고, 남은 모든 사람에게는 일도 희망도 돈도 없는 끔찍한 사태가 일어날지도 모릅니다. 빈부격차가 더더욱 심화되는 것이지요.

자본이익
증권, 선물 계약 등 자본 자산의 거래를 통해 얻는 시세 차익.

야스다 그 반대의 경우는 일어날 수 없을까요?

세들라체크 물론 인공지능이 생성해 내는 이익을 사회 전체의 것으로 소유할 수도 있습니다. 이것이 바로 우리가 새롭게 논의해야만 할 일입니다. 영국의 정치 경제학자이자 상원의원 로버트 스키델스키Robert Skidelsky는 자본이익*을 국유화해야 한다고 제안했습니다. 또한 조지프 슘페터Joseph Schumpeter는 미래를 내다보고 이렇게 말하기도 했어요. "구성원 모두가 같은 비율로 주식을 갖게 된다면 자본주의는 결국 일종의 자본 공산주의가 되는 것이 아닐까?" 무슨 뜻인지 이해하시겠어요? 그는 자본주의의 문제점을 깨닫고 그 해결책을 제시한 거죠. 그는 정말 위대한 경제학자입니다.

이러한 문제는 오늘날 우리가 서둘러 논의해야 할 주제입니다. 자칫하면 때를 놓치고 맙니다. 만약 제대로 관리할 수 있다면 기술의 진보는 모두에게 더욱 좋은 결과를 가져오고 유익한 일이 될 거예요. 사람들은 더욱 건강해지고 생활은 편해지겠지요. 어떤 미래를 만들어 갈지는 어디까지나 우리에게 달려 있습니다.

야스다 무척 흥미로운 이야기였습니다. 그러한 요소들이 금단의 열매라고 하셨는데, 문제는 그것을 금지할 효과적인 방법이 없다는 것이로군요.

세들라체크 맞아요. 없습니다. 인간이 만들어 낸 매우 강력한 장치를 더 이상 통제하거나 금지할 수 없게 되는 거죠. 앞서 언급한 '풀 스로틀 파산'과 같아요. 빨간 신호등이 켜졌는데도 멈추지 못하고 그대로 달려 나가는 겁니다.

그래서 조심해야 합니다. 우리 사회도 언제든 그렇게 될 가능성이 있어요. 다양한 문화권의 모든 신화들이 자신을 파멸시키는 것은 바로 자신의 강인함이라는 교훈을 시사하고 있습니다. 저는 우리의 나약함보다 강인함이 두렵습니다.

조지프 슘페터(1883년~1950년) 오스트리아 출신으로 케인스와 더불어 20세기 전반을 대표하는 경제학자다. 재무 장관, 은행장을 역임했고 대학 교수로도 활동했다. 1933년 나치를 피해 미국으로 망명, 오스트리아학파의 대표적 경제학자로 활동했다. 경제성장의 핵심 요소가 기술혁신에 있다고 주장했으며, 경기순환에 관한 이론과 통계, 역사적 사실 등을 종합한 《경기순환론》을 저술했다.

야스다 사람들에게 금단의 열매를 먹지 말라고 금지하는 것이 불가능하거나 어렵다면, 가장 좋은 방법은 역시 걸음을 늦추는 것일까요?

세들라체크 그렇습니다. 우리는 지금 자신이 어디로 향하고 있는지 모르고 있어요. 우리 사회는 이러한 지식의 결여를 속도로 메우고 있습니다. 하지만 어디를 향하고 있는지 모른다면 우선은 멈춰 서서 주위를 둘러보고 길을 찾아야겠지요. 단순히 속도만 올려서는 대부분의 문제를 해결하지 못합니다.

"이제 우리는 인공지능에 어떻게 대처할지 고민해야 합니다. 지금부터 생각해도 너무 늦었을 정도입니다."

욕망이라는 밑 빠진 독

야스다 마침 이 기회에 여쭤보고 싶은 게 있습니다. 저서에 버나드 맨더빌[*]에 관해서 상세하게 기술하셨던데요. 그는 선생님과는 정반대의 내용을 주장하고 있더군요. 채무가 공공선이 될 수 있다고요.

세들라체크 맨더빌은 《꿀벌의 우화》에서 개인의 악덕이 공공의 이익이 된다고 주장하고 있습니다. 그의 의견에 전부 동의하지는 않지만 무척 도발적이고 잘 쓴 우화입니다. 어떤 의미에서는 매우 설득력 있는 의견이기도 하고요.

맨더빌은 사람이 욕망을 채우기 위해 살아간다고 말합니다. 하지만 욕망에는 적어도 두 가지 문제가 있어요. 잘 생각해 보면 알 수 있

> **버나드 맨더빌**
> 17~18세기 네덜란드 출신 영국의 의사 겸 사상가다. 풍자시 《꿀벌의 우화》를 발표해 당대 영국 사회의 기만과 위선을 비판했다. 데이비드 흄, 아담 스미스 등에게 영향을 주었으며, 자유시장 개념과 자유무역의 이론적 발전에도 기여했다.

는데, 욕망은 결코 채워지기를 바라지 않습니다. 욕망이 원하는 것은 오로지 증식입니다. 인간이 추구하는 욕망의 본질은 욕망의 대상을 손에 넣는 것이 아니라 일단 그것을 손에 넣은 후, 새로이 더 좋은 것을 원하는 것입니다.

야스다 자연스럽게 과잉 소비로 이어지는군요.

세들라체크 그렇죠. 욕망은 절대 채워지지 않습니다. "인류는 결코 행복해질 수 없다. 항상 계속해서 새로운 것을 갈망하기 때문이다." 시카고학파Chicago School● 경제학자 프랭크 나이트Frank Hyneman Knight가 한 말입니다.

고대 그리스에서는 스토아학파Stoic School와 에피쿠로스학파 Epikouros School가 논쟁을 벌입니다. 에피쿠로스학파는 '갖고 싶은 것이 이렇게 많은데 이것밖에 갖고 있지 않다'고 하면서 수요에 비해 공급이 부족하다고 주장합니다. 에피쿠로스학파에게 행복의 처방전은 수요에 맞춰 공급을 늘리는 일이지요. 그러자 스토아학파는 수요보다 공급이 부족하다는 첫 부분에는 동의하지만 그 대책에 대해서는 '공급에 맞춰 수요를 줄이면 행복해지지 않을까' 하고 반론을 던집니다.

예컨대 〈Whatever Lola Wants, Lola Gets(롤라가 무엇을 원하든지, 롤라는 그걸 얻고 말 거야)〉라는 노래가 있지요? 하지만 롤라로

> **시카고학파**
> 미국 시카고대학교를 중심으로 한 경제학자들과 그들의 사상을 가리킨다. 미국학파, 신자유주의학파라고도 하며, 하이에크, 프리드먼, 스티글러 등이 주축을 이루고 있다. 케인스를 계승한 신경제학에 맞서 민간 활동의 자유를 중시한다.

서는 'Whatever Lola Has, Lola Wants(롤라가 무엇을 가지고 있든지, 롤라는 그걸 원하지)' 쪽이 더 행복하지 않을까요? 이를 경제 분야에 적용해서 생각해 봅시다. 불만족을 GDP의 성장 엔진이라고 말해도 상관은 없지만, 사실 영원히 충족되지 않는 것에 대해 불평한다는 건 말도 안 됩니다. 현재 상황에 대한 불만을 원동력으로 열심히 일할 수는 있겠지요. 그럼에도 언제까지나 채워지지 않는 쪽을 선택하거나, 반대로 현재 상황에 만족하고 편안하게 사는 쪽을 선택하거나 우리가 고를 수 있는 선택지는 단 두 가지입니다.

체코가 30년 전의 GDP에 만족했다면 어떨까요? 30년 전, 25년 전, 20년 전 사람들은 공급이 부족하다고 힘들어 했을까요? 그렇지 않습니다. 가난했던 20년 전보다도 어느 정도 물질적으로 충족된 지금, 사람들의 욕망은 더 커졌어요.

사실 20년 전의 GDP 수준으로 충족감을 얻기 위해서는 주 3일만 일해도 됩니다. 하지만 이제 우리는 성장에 의해 얻은 에너지를 모조리 다 더욱 큰 부를 얻는 일에 쏟아 넣고 있습니다. 그 결과 우리는 경우에 따라서는 20년 전보다도 더 많이 일해야 합니다. 부유해질수록 여유가 더 없어진다니 정말 이상한 일이죠. 한 번 욕망에 사로잡히면 그것을 제어하지 못하고 지배당하게 되기 때문입니다.

야스다 저도 같은 생각입니다. 그런 무절제한 욕망은 최소한 건

프랭크 나이트(1885년~1972년) 미국의 경제학자, 사회 철학자로 시카고학파의 창시자 중 한 명. 노벨 경제학상 수상자인 밀턴 프리드먼(Milton Friedman), 조지 스티글러(George Joseph Stigler), 폴 새뮤얼슨은 모두 그의 제자다.

전해 보이지는 않아요. 하지만 한편으로 기업이나 개인의 강한 욕망이 자본주의와 시장경제의 추진력이 되고, 그 결과 가난한 사람들의 상황이 개선될 수도 있다고 생각합니다.

최근 50년에서 100년 사이에 각국의 생활환경, 특히 사람들의 건강 상태는 크게 좋아졌어요. 만약 100년 전 사람들이 그들의 상황에 몹시 만족해서 더 이상 성장이나 소비에 대한 욕망이 없었다면 어땠을까요? 현재 우리가 살아가는 환경은 100년 전과 별반 달라지지 않았을지도 모릅니다.

제가 말씀드리고 싶은 것은 '이 정도면 만족'이라고 판단을 내리기가 어렵다는 것이죠. 그걸 누가 결정하는 것일까요? 욕망과 소비는 과한 경우도 있지만 미래에 도움이 될 가능성도 있다고 생각합니다.

세들라체크 세상을 바꾼 뛰어난 발명도 맨 처음 목적은 사업이나 경제적 목적이 아닌 경우가 대부분입니다. 사업이 되느냐 안 되느냐는 사실 이차적인 문제입니다. 인터넷의 발명도 처음에는 사업이 목적이 아니었고, 비행기의 발명은 인간의 욕망과 호기심에서 비롯되었지요. 그런 발명품을 마케팅해서 판매하는 것은 부차적인 행위이고 사업가의 역할이에요. 사업가는 발명가가 아닙니다. 혁신가이긴 하지만 발명가는 아닙니다.

저는 진보 자체에 반대하는 게 아닙니다. 다만 역사를 되돌아보면, 예컨대 산업혁명을 봐도 진보는 사회적으로 놀라운 반향을 동반하는 것이었어요. 전기, 전화, 전보, 자동차 등 모두 놀라운 반향과 함께 등장했습니다. 그런데 우리는 점점 그러한 진보에 익숙해져 이제는 완전히 의존하고 있어요. 마치 마약처럼 말이죠. 식사에 비유하면 음식 자체는 나쁘다고 할 수 없지만, 과식은 누구에게도 좋지 않습니다.

되풀이해 말하지만 저는 진보 자체에 반대하지 않습니다. 제가 주장하고 싶은 말은 GDP 평균 성장률이 낮더라도 흔들리지 않는 경제를 구축해야 한다는 거죠. 성장은 늘 환영하지만, 설령 성장하지 않아도 사회가 잘 돌아가는 경제가 훨씬 바람직해요. 그런 경제를 추구하는 것이 사람들의 정신적인 행복 면에서도, 정부의 재정 정책과 금융 정책 면에서도 현실적이고 바람직한 방향이라고 생각합니다.

경제 위기는 계속 찾아온다

야스다 이제 미래 전망에 관해 여쭙겠습니다. 가장 최근의 경제 위기는 2008년에 찾아왔었습니다. 가까운 장래에 또 다시 심각한 위기가 올 거라고 예상하시는지요? 아니면 우리가 위기를 잘 피해갈 수 있을까요?

세들라체크 서구 여러 국가에는 채무 수준을 낮추는 시간적 유예 기간이 약간은 있습니다. 만약 채무 수준을 끌어내리는 데 실패한다면, 언제 닥칠지는 정확히 모르겠지만 확실히 위기는 다시 찾아옵니다. 경기순환은 반복되거든요. 위기는 그러한 순환 주기의 일부라는 사실을 잊어서는 안 됩니다. 일시적인 트렌드가 아니에요.

옛날에는 미래를 말하는 것이 예언자의 역할이었지만 오늘날에는 경제학자가 미래를 예측하고 있습니다. 사회학자도 정치가도 미래에 관해서는 그다지 언급하지 않습니다. 경제학자만 미래의 일을 아주 세세한 부분까지 예측해 설명하고 있어요.

어쨌든 다음 위기는 틀림없이 닥쳐올 겁니다. 만약 지금의 채무 수준에서 위기가 닥친다면 우리는 붕괴할지도 몰라요. 당장 다음 번 위기 때 붕괴할 거라고 생각하지는 않지만, 그것이 마지막 또는 마지막에서 두 번째 정도의 경고일 겁니다. '수지를 맞춰라!' 하는 경고예요.

저는 공포 영화를 좋아합니다. 일본의 공포 영화도 자주 보는데, 정말 무섭습니다. 너무 무섭다고 생각하면서도 취미니까 볼 수밖에 없어요. 공포 영화에 등장하는 귀신이나 악마는 우리에게 계속 뭔가 말해 주려고 합니다. 그리고 우리가 그 메시지를 듣는 순간, 그들은 사라져 버립니다. 도대체 그들은 우리에게 무엇을 말하려고 하는 걸까요? 제게 들리는 메시지는 이런 겁니다. '당장 수지를 맞춰라. 그러지 않으면 큰일이 닥칠 것이다. 지금처럼 과다한 채무를 짊어진 채 성장에만 몰두한다면 설사 성장률이 20퍼센트라도 너를 무너뜨리고 말 것이다.'

그래서 저는 부유한 선진국에 채무를 줄이라고 강력하게 주장하는 거예요. 그들에게는 당장 조금 더 성장하는 것보다 채무를 줄이는 일이 선결되어야 합니다. 아까도 얘기했지만 2007년에는 충분한 성장률 아래에서도 신용 위기가 일어났습니다. 돈에 의한 위기는 문명, 다시 말해 현대사회의 과로사가 될 수 있어요. 그렇게 되지 않기를 바라지만, 결코 안이하게 대처해서는 안 될 위험입니다.

"언제 닥칠지는 모르지만 확실히 위기는 다시 찾아옵니다.
위기는 순환 주기의 일부라는 사실을 잊어서는 안 됩니다."

━━ 돈의 가치는 사람들 사이의 관계에 달렸다

야스다 마지막 질문입니다. 선생님에게 있어 돈이란 무엇입니
까?

세들라체크 제게 돈이란 결국 정신적인 것입니다. 돈은 일종의
합의서예요. 같은 종이라도 5,000이라고 쓰여 있으면 5,000만큼
의 가치로 인정받고 5라고 쓰여 있으면 5만큼의 가치를 갖는 거
지요.

돈은 그 자체로서는 가치가 존재하지 않습니다. 돈의 가치는
관계에서 형성됩니다. 돈은 사람과 사람 사이에서만 쓰여요. 누군
가 자신만의 돈을 만들어 낸다고 해도, 마치 자기 혼자만 아는 언
어처럼 아무 쓸모가 없지요. 돈도 언어도, 최소한 두 사람 이상의
인간이 서로 나누고 존중하지 않으면 없는 것이나 다름없습니다.

동시에 돈은 에너지가 형태를 갖춘 것이기도 해요. 그 에너지
는 나 자신이나 내 노동의 가치가 아닙니다. 돈은 내가 누군가에
게 보내거나 누군가에게 받을 수 있는 에너지의 형태인 거죠. 시
간을 초월해서 보낼 수 있어요. 저축을 통해 미래의 내게 선물할

수도 있고, 차입해서 미래의 돈을 당겨쓸 수도 있습니다.

제게 돈은 그런 의미입니다. 단순한 종잇조각이 아니에요. 지폐는 그런 돈의 에너지를 구현한 것입니다. 돈의 가치는 정신적인 데 있기 때문에 완벽하게 시간과 공간을 초월해서 빛의 속도로 이동할 수 있지요.

마지막으로 돈은 매우 불가사의한 존재입니다. 3세기 무렵, 철학자이자 그리스도교 사상가 아우구스티누스Aurelius Augustinus는 이렇게 말했지요. "누군가 묻지 않으면, 나는 시간이 무엇인지 알고 있다. 시간이 무엇인지 완벽히 알고 있다. 하지만 누군가 '시간이 무엇인가?' 하고 묻는다면, 잘 모르겠다." 돈도 마찬가지라고 생각해요. 무엇인지 질문을 받기 전까지는 누구나 돈이 무엇인지 정확히 알고 있어요. 하지만 막상 질문을 받으면, 왠지 잘 모르게 됩니다.

야스다 말씀 감사했습니다.

세들라체크 감사합니다. 즐거운 시간이었어요.

자본주의라는 벌거벗은 임금님

체코 출신의 경제학자 토마스 세들라체크. 그에 대해서는 《선악의 경제학》이라는 책을 통해 처음 알게 되었다. 두툼한 분량의 책이었지만, 어느덧 푹 빠져서 단숨에 읽어 내려갔다. 신화, 영화, 심리 등 다양한 분야를 아우르면서 거침없이 이야기를 풀어낸 경제학의 매력에 흥분을 감출 수가 없었다.

세들라체크가 처음 일본을 방문한 날, 하네다 공항에서 그를 기다리고 있는 내 마음은 한껏 들뜨고 긴장돼 있었다. 이윽고 덥수룩한 금발에 건장한 체격의 남자가 모습을 드러냈다. 짐은 40리터 정도 크기의 작은 배낭 하나가 전부였다. 그 후 일주일 동안 매일 그와 동행하며 촬영을 했다. 도쿄 거리를 걷는 세들라체크는 에너지가 넘치는 '커다란 어린아이' 같았다. 서서 먹는 우동으로 유명한 니혼바시日本橋의 한 가게에서는 눈을 가느다랗게 뜨며 연신 "맛있어요!"를 연발하더니, 더욱 노력할 것을 다짐하는 가게 벽보를 보고는 "지금도 이렇게 싸고 맛있는데 뭘 더 노력하겠다는 거지?" 하고 고개를 갸우뚱거린다.

식사를 할 때는 어김없이 맛있게 먹고, 대화 상대에게는 예의를 다해 풍부한 표정으로 말을 건넨다. 진지하게 현대사회를 걱정하는가 싶으면, 타고난 유머로 주위 사람들을 즐겁게 만들기도 한다. 그는 경제학이라는 학문을 넘어 세계를 마음껏 즐기는, 궁극의 쾌락주의자처럼 보였다. 절도 있는 범위에서 마음껏 즐기는 쾌락주의자다. 그의 배낭에는 갈아입을 바지와 양말이 두 벌벌씩, 셔츠 단 한 장뿐이라고 한다. 그리고 입국할 때 입고 온 재킷을 매일 입었는데, 그 주머니에는 신용카드 몇 장이 들어 있는 카드 케이스와 라미 만년필, 그리고 몰스킨 수첩 정도만 들어 있다고 한다. "나머지는 전부 이 스마트폰 속에 들어 있죠. 마치 블랙홀처럼요."

그는 식사 때에도 결코 과식을 하지 않았다. 이자카야 술집에서 주문할 때도 남기지 않고 다 먹을 수 있는 양인지 신중하게 가늠하면서 조금씩 적당량을 주문한다. "모처럼 일본에 오셨으니 넉넉하게 주문하시죠" 하고 권해도 "부족하면 또 시키면 되니까요. 위에는 한계가 있어요"라고 대답한다. 물건으로부터 자유로워지고 싶다고 말하는 경제학자. 1989년까지 사회주의 체제를 유지했던 체코가 뿌리인 까닭에 처음부터 자본주의를 상대적이고 객관적으로 인식하고 있는 것일까.

세들라체크는 체코에서 '앙팡테리블Enfant Terrible'이라고 불린다고 한다. 그는 앞으로도 계속해서 자본주의를 '임금님'으로 생각하며 살아가는 우리들에게 외칠 것이다. "임금님은 사실 벌거숭이다!"라고. 유머를 살짝 곁들여서 말이다.

오니시 하야토

CAPITALISM

제3장

테크놀로지 시대,
노동의 증발

4차 산업혁명, 어떻게 마주할 것인가

실리콘밸리의 투자가 **소콧 스탠퍼드**

스콧 스탠퍼드
(Scott Stanford)

셰르파캐피탈(Sherpa Capital) CEO. 미국 투자은행 골드만삭스(Goldman Sachs)에서 투자은행 부서 인터넷 및 뉴 미디어 글로벌 공동 책임자로 일하다, 2013년 벤처투자 기업 셰르파캐피탈을 설립했다. 승객과 운전기사를 앱을 통해 연결해 주는 테크놀로지 플랫폼 우버에 투자하면서 일약 세계적인 투자가로 떠올랐다.

CAPITALISM

투자가는 자본주의 사회에서 매우 신비한 존재다. 자신이 내린 분석과 판단에 따라 유망 기업이나 프로젝트에 승부를 걸고 투자해 그에 대한 성공 보수를 받는다. 그러한 행위는 경제 활동이라는 일련의 흐름 속에서 주체이기도 하고 방관자이기도 한 독특한 위치를 차지한다.

새삼스레 오늘날 '땀을 흘리는 일'의 중요성을 교조적으로 설득하려는 의도는 털끝만큼도 없다. 하지만 도대체 투자의 어느 과정에서 부가 생겨나는 것일까? 그 실상을 이번 인터뷰를 통해 확인하고자 한다.

"아이디어 자체에는 가치가 없습니다. 문제는 오직 그것을 실

우버 2010년 6월 출시된 교통 중개 서비스 회사. 스마트폰 앱을 기반으로 우버에 등록하거나 직접 고용된 차량의 운전기사와 승객 사이를 중개한다. 여러 논란에도 불구하고 현재 전 세계 100개 이상의 도시에서 서비스를 제공하고 있으며 시가 총액은 720억 달러에 육박한다.

현하느냐 못하느냐입니다." 이렇게 단언하는 투자가 스콧 스탠퍼드는 세계 최대 투자은행인 골드만삭스를 그만두고 벤처투자 기업을 설립해 새로운 비즈니스 파트너를 개척하는 데 눈을 반짝이며 몰두하고 있다. 그가 투자가로서 일약 주목을 받게 된 계기는 전 세계 택시 업계에 충격을 준 새로운 비즈니스 모델과의 만남이었다. 바로 우버다. "우버를 통해 공동 창업자 셔빈 피셔버 Shervin Pishevar와 만나게 되었죠. 제가 처음 투자했을 때에는 아직 작은 회사였지만 발상이 흥미로웠습니다."

걸으로 보이는 풍모에서는 냉철한 분위기를 자아내는 그였지만, 투자 여부를 결정하는 기준은 창업가의 열정이나 새로운 발상에 있다고 말한다. "투자의 기준은 오직 그 기술이 우수한지 여부에 달려 있습니다. GDP 수치 같은 걸 생각할 의무는 없어요. 오직 시장에 집중할 수밖에 없습니다." 월스트리트 투자은행에서 일하던 때와 실리콘밸리 벤처투자가 입장에서 본 투자 전략의 차이를 묻는 야스다 교수의 질문에도 또 한 번 명쾌하게 잘라 말한다. "재미있는 질문이군요. 사실 생각한 적도 없는 걸요. 투자는 당연히 수익을 위해서죠."

흔히 '머리는 시원하게 가슴은 뜨겁게'라고 말하지만, 그가 가진 열정과 냉정 사이에는 과연 무엇이 있을까? 투자 대상의 열정과 새로운 발상을 높게 평가하면서도 한편으로 냉철하게 수익을 계산하는, 언뜻 모순으로 가득 차 있을 것 같은 이러한 사고야말로 현대 자본주의의 최전선을 달리는 투자가에게 필요한 자질인 것일까? 그는 우리 사회와 시대를, 그리고 현대 자본주의를 어떻게 바라보고 있을까?

끈질기게 반복해서 묻는 사이에, 위악적으로 느껴질 만큼 투자가에게는 오직 수익이 전부라고 잘라 말하던 그의 입에서 뜻밖에도 미래에 대한 비전이라는 말이 흘러나왔다. "자본주의는 결코 완벽하지 않습니다. 현대 자본주의는 어디까지나 노동을 전제로 한 체제에요. 앞으로는 노동이 없는 사회, 모델 C를 생각해야 합니다."

그가 말하는 모델C란 대체 무엇일까? 이제 그의 투자 철학에 차분히 귀를 기울여 보자.

투자가의 목표

야스다 안녕하세요, 스탠퍼드 대표님. 저는 대학에서 경제학을 가르치고 있기 때문에 경제학이 스탠퍼드 대표님의 경력과 일, 그리고 사회를 보는 관점에 도움을 주는지 관심이 있습니다. 대학에서 경제학 과정을 이수하신 적이 있으신지요? 예컨대 MBA^{Master of Business Administration}라든지.

스탠퍼드 네. 경제학 강의를 수강했습니다.

야스다 대학에서는 사회학을 전공하신 거죠?

스탠퍼드 사회과학입니다. 기초 과목으로 경제학과 통계학을 배웠지요. 하지만 하버드 경영대학원에서는 경제학을 선택하지 않았어요. 제가 공부한 것은 판매와 전략, 교섭, 재무 등 전부 실무적인 과목뿐이었습니다. 경제학은 학문적인 논의를 할 때 의미 있는 이론이잖아요? 물론 시장 상황과 관련해서 나름의 역할도 있다고 생각하지만요.

우리는 실제 시장에서, 기존에 경제학이 말하던 모델이 붕괴되었다고 생각되는 상황에 닥쳤을 때 그 대책을 마련하는 데 많은 시간을 할애합니다. 다양한 마찰이 있는 시장을 어떻게 수정할 수 있을지를 생각하는 거죠.

수요와 공급이 조화를 이루고 있으면 매우 효율적이고 투명한 시장이 될 것입니다. 그런 시장을 만들기 위해 많은 사람이 시간을 들여 생각하지요. 제 머릿속은 어떻게 하면 높은 이익률을 얻을 수 있을까 하는 일로 꽉 차 있지만, 어느 정도는 경제학 이론도 생각합니다.

하지만 우리는 테크놀로지나 기술혁신의 시대를 그저 현실 그 자체로 생각합니다. 우리가 하고 있는 일의 사회 경제적 의미에 주목하거나, 그 영향력을 걱정해서 쓸데없이 이런저런 생각을 하는 일은 거의 없습니다.

야스다 그렇지요. 사실 투자가는 그런 고민을 많이 할 필요가 없으니까요.

스탠퍼드 네. 눈앞의 수익을 위해서는 필요 없는 고민입니다. 예컨대 투자하거나 창업하고 싶은 비즈니스가 있는데, 혹시 그 사업이 같은 분야의 고용 시장에 타격을 줄 가능성이 있다고 합시다. 그래도 투자가는 고용 시장에 관해서는 그다지 생각하지 않습니다. 생각하는 것은 오직 그것이 소비자에게 이점을 주는가, 더 빠르고 더 좋은 물건을 더 싸게 제공할 수 있는가 하는 점뿐이에요.

물론 장기적으로 보면 경제에 큰 영향이 있을지도 모릅니다.

기술혁신

경제학의 거장 조지프 슘페터가 정의한 용어다. 현대 자본주의 발전을 이끄는 중심 개념으로 단순한 기술 혁명뿐만 아니라 새로운 시장의 개척이나 상품 공급 방식의 획기적 변경 등 경제 전반에 걸친 큰 변동을 포함하는 개념이다.

오늘날에는 사회적 의의가 있는 가치를 창조하거나 사용자 사고방식의 큰 변혁까지 포함해 당초 슘페터의 정의보다 의미가 더 폭넓어지고 있다. 이는 현대 자본주의가 점점 더 복잡해지고 있다는 사실을 뒷받침한다. 미국의 경영학 연구자 클레이튼 크리스텐슨(Clayton Christensen)은 기술혁신을 언뜻 서로 관계없어 보이는 사안을 하나로 연결하는 사고(思考)라고 정의하고 있다.

기술혁신과 같이 현상을 변혁해 새로운 시스템과 모델을 만들어 내려는 욕망은 자본주의의 원동력이다. 시장은 천동설을 부정하고 지동설을 주장했던 코페르니쿠스(Nicolaus Copernicus)와 같은 혁명적 사고 전환을 요구한다. 하지만 그러한 자본주의 운동이 강박 관념이 되는 일만큼은 주의 깊게 피해야 한다. 기술혁신을 일으켜라! 하는 외침이야말로 본래의 기술혁신 정신과 동떨어진 게 아닐까. 역설적이지만 필시 긴장을 풀고 즐기는 데서 진정한 기술혁신은 탄생한다. 바로 '콜럼버스의 달걀'처럼!

GDP라든지 생산성, 고용 등에 있어서 말이죠. 경제 전문가들이 몇 년이나 관찰하고 연구해 온 경제 현상이 우리가 투자하고 있는 기술혁신이나 테크놀로지의 영향을 받을 가능성도 있을 것입니다. 하지만 그다지 심각하게 고민하지는 않아요.

새로운 테크놀로지가 생산성을 높인다

야스다 방금 GDP를 말씀하셨는데, 물론 GDP는 경제 통계의 중요 항목 중 하나입니다. 하지만 동시에 우버나 사물인터넷Internet of Things 등 새로운 기술이나 서비스의 가치를 제대로 반영하지 못한 측면도 있어서, 때로는 GDP가 사람들의 행복도나 경제적 성공을 측정하는 지표로서 적절하지 않은 면도 있을 것 같습니다.

대체로 그러한 서비스의 요금은 저렴하니까요. 소비자는 큰돈을 사용하지 않으면서도 행복도를 높일 수 있는 거죠. 그런 의미에서라면 GDP에만 주목하지 말고 소비 행동이나 시장 전반에 걸친 다양한 측면에도 주목해야 한다고 생각합니다.

스탠퍼드 그렇지요. 투자가들은 매일 경제를 논의할 때 GDP나 고용률이라는 말을 사용하지 않습니다. 총유효시장Total Addressable Market에 관해 서로 이야기를 나눌 뿐이죠.

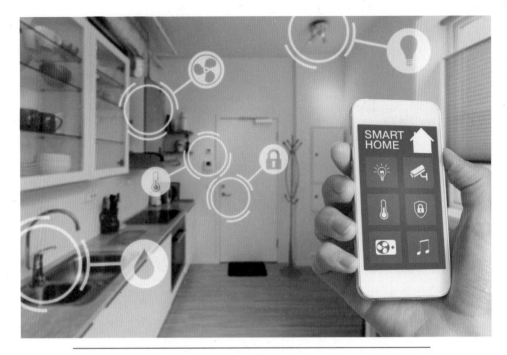

사물인터넷 건물이나 가전제품, 산업용 기계나 자동차 등 다양한 물건에 센서를 부착해서 인터넷을 통해 서로 정보를 주고받거나 업무를 지시할 수 있는 시스템을 말한다.

얼마나 벌 수 있을까? 어느 정도 큰 비즈니스가 될까? 사람들은 택시의 권리를 사는 데 얼마를 낼까? 얼마라면 자동차를 구입할까? 먹는 데는 얼마나 쓸까? 의류에는? 소비재에는? 우리는 시장 전체를 생각하고 있습니다. 그것이 큰 숫자라는 의미에서 GDP에 가장 가깝다고 생각해요. 그 다음이 효율입니다. 우리는 언제나 모든 일을 더 효율적으로 하는 방법을 모색하고 있어요. 경제학 용어로 말하면 '생산성'이 되겠지요?

야스다 네, 맞습니다.

스탠퍼드 같은 노동력으로 생산량을 높이려고 합니다. 더 높은 생산성이지요.

투자가들이 경제에 관해 생각하는 것은 기본적으로는 거기까지입니다. 그 다음 주안점은 이윤, 성장, 시장의 획득 그리고 파괴적 혁신Disruptive Innovation*이에요. 시대의 변화를 따라가지 못하고 낙후된 산업에 대해서 관점을 바꿔 재생시킬 수 있는 방법을 고민합니다. 소비자를 행복하게 하기 위해서 소비자 체험의 관점을 바꾸는 겁니다. 어떻게 하면 더욱 효율이 높아질까, 공급사슬 Supply Chain*등 소비자 체험의 이면에서 일어나는 모든 일을 다시 생각하는 거지요. 공급사슬을 더 효율적으로 관리할 수 있다면 소비자를 행복하게 만들 뿐만 아니라 동시에 투자가도 돈을 벌수 있으니까요. 세상에는 소비자를 행복하게 해도 큰돈을 벌지 못하는 비즈니스도 많이 있는데, 그것은 비용이 너무 많이 들기 때문이에요.

소비자도 행복해지고 기업도 돈을 벌 수 있다는 것이 바로 테크놀로지의 이점입니다. 오늘날 테크놀로지는 많은 일을 가능하게 해 줍니다. 공급사슬을 개혁해서 제품 제조 방법이나 서비스 제공 방법을 바꿀 수 있게 되었지

> **파괴적 혁신**
> 단순하고 값싼 제품이나 서비스로 시장 밑바닥을 공략해 빠르게 시장 전체를 장악하는 혁신 방식. 미국의 경영학자 크리스텐슨(Clayton Christensen)이 창시한 용어다.
>
> **공급사슬**
> 원료 조달 단계에서부터 생산 관리, 물류, 판매, 서비스까지 이어지는 전 과정을 하나의 연속된 시스템으로 인식해 업무 효율성을 강화하는 방식이다.

요. 게다가 가격마저 지금보다 훨씬 싸게 공급할 수 있다면 더욱 좋은 소비자 체험을 브랜드화할 수도 있고요. 그래서 시대에 뒤처진 사람들이 "이제 난 도저히 이길 수 없어" 하고 말하게 할 수도 있습니다.

흥미롭게도 한층 더 넓게 전체를 전망하고 경제에 관한 수십 수백 년 간의 데이터를 살펴보면, 물론 그런 일은 야스다 씨가 더 상세히 알겠지만, 확실히 최근 수십 년 동안은 전 세계적으로 GDP와 생산성이 계속 올라가고 경제도 계속 성장하고 있습니다. GDP와 생산성에서 경제를 측정하면 그렇다는 말이지만요. 좋은 현상이지요?

하지만 고용률이 높아지고 있는 것은 아닙니다. 게다가 실질 임금도 오르지 않았다고 생각합니다. 이러한 실태가 말해 주는 것은 무엇일까요? 현재 우리가 큰 변화 속에 있기는 하지만, 완전한 변화를 이루기에는 아직 좀 더 시간이 걸린다는 의미가 아닐까요?

야스다 테크놀로지의 진보가 장기적으로 보면 긍정적일 거라는 말씀이시군요.

스탠퍼드 물론 테크놀로지의 진보가 경제에 좋은 일이라는 주장에는 찬반양론이 있습니다. 반대하는 사람은 일자리를 감소시킬 뿐이라고 의구심을 품고 있고 지구 온난화 같은 환경 문제도 거론합니다. 이러한 주제의 찬반에 관해서라면 온종일 토론할 수 있습니다.

하지만 '테크놀로지는 일자리를 감소시킨다'라든지 '지구 온난화가 실제로 진행되고 있다'는 주장은 맞았을 때가 틀렸을 때보다 손실이 엄청나게 큰 게 확실합니다. 그래서 오랫동안 논의만 하는 사이, 누구의 눈에도 명백히 결과가 드러난 후에야 "저런! 실수했네. 온난화가 진행된다는 말이 옳았어" 하는 상황이 되면 곤란합니다.

그러므로 우리는 진중하게 생각해야 합니다. '최근 5년간의 데이터를 보는 한, 로봇이 사람의 일을 빼앗았다고는 할 수 없다'는 의견을 말할 수는 있습니다. 하지만 이 데이터가 어떻게 이루어져 있는지가 중요하겠지요. 대처하기에는 이미 늦었을지도 모릅니다. 이것이 대략적으로 말해서 저희가 하는 일, 즉 기술혁신과 테크놀로지가 경제에 미치는 영향입니다.

하지만 투자가의 입장에서는 그런 문제를 깊게 생각하지 않습니다. 누군가로부터 그런 걱정을 하라는 말도 들은 적이 없어요. 투자가가 최우선으로 생각하는 것은 오로지 큰 시장을 확보해서 보다 많은 수익을 만들어 내고 고객에게 만족을 주는 일이니까요.

"소비자도 행복해지고 기업도 돈을 벌 수 있는 것이 테크놀로지의 이점입니다."

야스다　스탠퍼드 대표님은 골드만삭스에서 경력을 쌓으신 후 현재의 셰르파캐피탈을 창업하셨는데요. 여기서 질문을 하나 드리겠습니다. 투자에는 오랜 역사가 있습니다. 몇 세기에 시작되었는지는 모르겠지만 어쨌든 투자에는 상업은행, 투자은행, 벤처캐피탈 등 갖가지 방법이 많이 있습니다. 먼저 그 차이를 말씀해 주시겠습니까? 투자의 기본적인 특징과 각각의 투자가 어떤 점이 어떻게 다른지, 예컨대 다른 분야에서의 행동 전략과는 어떻게 다른지 궁금합니다. 그리고 한 가지 더, 스탠퍼드 대표님은 왜 벤처캐피탈에 가장 관심을 갖게 되셨는지 궁금합니다.

스탠퍼드　'투자은행 업무'라는 말이 있잖습니까? '투자'라는 말이 들어가 있어요. 그렇지만 투자은행 업무에서는 대개 투자는 하지 않습니다. 혼동하기 쉽지요. 거래에 관해 조언은 하지만 투자는 하지 않습니다. 골드만삭스처럼 자기자본 투자 부문이 있는 기업도 있지만, 이 경우는 고객이 투자은행과 거래를 하는 형태가 아닙니다. 모건스탠리Morgan Stanley에도 투자를 하는 다른 그룹이 있는데, 일반적으로 알려져 있는 모건스탠리의 투자은행 업무와는 다릅니다.

　그러므로 투자은행 업무를 종래의 정의로 말하자면, 단지 거래에 대한 조언을 하는 것입니다. 상업은행 업무가 융자라면 벤처

모건스탠리 뉴욕에 본사가 위치한 세계 최대 투자은행, 글로벌 금융 서비스 기업. 미국을 대표하는 투자 금융 회사로 1935년에 세워졌다. 회사, 정부, 금융 기관, 개인을 상대로 서비스를 제공하고 있으며, 다음과 같은 광고 카피를 사용할 정도로 미국 경제에 큰 영향력을 과시했다. "신이 자금을 조달할 필요가 있다면 모건스탠리에 의뢰할 것입니다."

사모펀드
소수 투자자로부터 자금을 모아 회사에 투자, 기업 경영에 참여하고 수익을 얻는 간접 투자 펀드.

캐피탈 투자와 사모펀드Private Equity Fund*는 주식 투자예요. 즉, 투자은행은 조언, 은행은 대부貸付, 벤처캐피탈은 투자의 역할을 한다고 이해하시면 됩니다.

그중에서 저는 주식이 가장 매력 있어요. 기업이 가치를 창조할 때 그 일부로 가장 가까운 입장에 있을 수 있으니까요. 임원이 되어서 기업을 도울 수도 있고, 기업이 추진하는 여러 가지 사안에도 도움을 줄 수도 있거든요. 조언이나 융자만 하는 게 아닙니다. 융자는 '돈을 빌려줄 테니 이자를 붙여 갚아라' 하는 것인데, 그 경우 발생할 수익은 이자뿐이잖아요. 하지만 주식은 수익이 천정부지로 치솟거든요. 물론 손해를 봐서 빈털터리가 될 위험성도 있지만요.

야스다 그렇군요. 그러면 비즈니스에 관한 견해와 사고는 어떻습니까? 투자은행에서 일하던 때에 비해 지금은 비즈니스에 대한 관점과 투자 전략이 바뀌셨는지요?

스탠퍼드 예리하고 좋은 질문이네요. 하지만 사실 그런 건 생각해 본 적이 없어서……. 글쎄요. 확실히 말할 수 있는 건 어떤 직업도 자본주의 체제 안에서의 일이라는 점입니다. 자본주의예요. 골드만삭스에서 자문가로 일하든 셰르파캐피탈에서 투자를 하든, 맥킨지앤컴퍼니McKinsey&Company*에서 컨설팅을 하든 그 일은 모두 자본주의 체제의 일부입니다.

오늘날 자본주의의 기본 원리는 '주식회사는 주주에게 이익을 환원해야 한다' 같은 것이 잖아요. 기업은 주주에게 환원할 이익을 창출해 내는데, 여기서 이익은 돈과 시간과의 함수로 표시됩니다. 다시 말해 가능한 한 짧은 기간에 최대한 많은 이익을 창출하고자 하는 일이지요.

마찬가지입니다. 투자은행 업무도, 벤처캐피탈 업무도, 컨설팅 업무도, 어떤 활동도 본질적으로 목적은 같아요. 단기간에 얼마나 돈을 버느냐 하는 것이죠. 그래서 본질적으로 먼 앞날 같은 건 생각하지 않아요. 상담 거래에 관한 일만 생각합니다. 투자은행 업무는 단기 거래를 합니다. 벤처캐피탈은 펀드예요. 셰르파캐피탈에는 다양한 펀드가 있습니다. 5억 달러를 운용하고 있지요. 이 펀드에는 10년이라는 기한이 있습니다. 10년 안에 결과를 내면 됩니다. 투자은행의 거래와 비교하면 매우 길게 느껴질 거예요. 투자은행 업무에서는 며칠이나 몇 주 이내로 거래를 성립시키고 결과를 내야 하거든요.

야스다 네. 길게 느껴지는군요. 10년이나 되니까요.

스탠퍼드 그렇습니다. 무려 10년입니다. 하지만 3~4년차 정도에 수중에 있는 자금의 대부분을 투자했기 때문에 이미 도화선에 불은 붙었습니다. 우리는 이미 수익을 얻기 위해서 움직이기 시작했지요.

그러므로 거시적 수준에서는 어느 쪽이든 모두 단기적입니다. 하지만 벤처캐피탈에서는 무언가를 만들어 낼 수도 있습니다. 셰르파캐피탈은 기업에 단순히 투자만 하는 게 아니라 때로는 직접 회사를 창업하기도 합니다. 실제로 몇 번인가 회사를 만든 적도 있어요. 시장에 기회가 있는데 아무도 손을 대려고 하지 않을 때는 창업자가 될 사람을 찾습니다. 우리 자신이 회사를 경영하는 것이 아니라 창업해 줄 사람을 찾아서 자본을 투입하고 성공전략을 짜는 거지요.

━━━━━━ **이제 수요가 모든 것을 정한다**

야스다 지금 우리 사회는 굉장히 빠른 속도로 변화하고 있는데요, 새로운 테크놀로지와 기술혁신의 영향으로 현실에 어떤 일이 일어나고 있는지 여쭤보고 싶습니다.

이를테면 새로운 테크놀로지에 의해 소비자의 행동도 바뀌고 있고, 이미 바뀌기도 했습니다. 소비자의 동기와 수요의 내실도 바뀌고 있는지 모릅니다. 예컨대 온디맨드 서비스On-Demand Service*는 소비자의 기호를 어떠한 방향으로 바꾸어 간다

> **온디맨드 서비스**
> 정보통신기술 인프라를 통해 소비자의 수요에 맞춰 즉각적으로 맞춤형 서비스를 제공하는 전략이나 활동.

고 생각하십니까?

스탠퍼드 생명과학Bio-Science의 관점에서 보면 변화는 이미 일어나고 있습니다. 건강식은 이미 보편화되었고, 소비자의 기호와 습관을 완전히 바꾸었어요. 글루텐 프리Gluten-Free라든지 슈가 프리Sugar-Free 같은 건, 이전 몇 세기 동안에는 아무도 신경 쓰지 않았는데 말입니다. 그런데 최근에는 갑자기 주목받고 엄청나게 팔리고 있어요.

이미 우리는 스마트폰을 항상 들고 다니면서 인터넷으로 길을 찾거나 상품을 주문하고 있지요. 인간의 기능이 테크놀로지에 의해 강화되는 것은 분명합니다. 인체에 삽입되는 인공 관절은 오래전부터 있었어요. 하지만 앞으로는 마인드 컨트롤Mind Control이 가능한 인공 장비가 생겨날 것입니다. 지금은 아직 단말기를 가지고 다녀야 하지만, 앞으로는 생각하는 것만으로 무언가를 조작할 수 있도록 시냅스Synapse, 즉 신경 접합부를 뇌에 연결시킬 수도 있을 겁니다. 구글에 위성 연결을 할 수 있는 이식 수술 장치도 상상할 수 있습니다. 이러한 테크놀로지들은 인간과 사회의 급격한 변화로 이어질 거예요.

야스다 거기까지는 아니더라도 소비자의 욕망에 관해 생각해 봐도, 오늘날은 사물인터넷 기술에 의해 소비자 개인이 원하는 소비를 하기가 점점 쉬워지는 것 같아요. 기술의 진보로 소비자가 미처 자신이 필요한 물건을 깨닫기도 전에, 인공지능이 '당신은 이러한 유형의 상품을 사야 해요', '당신은 이러한 서비스를 이용해야 합니다' 하고 권해 주는 날이 올지도 모릅니다.

스탠퍼드 그런 날은 이미 와 있는 걸요. 당장 아마존Amazon 웹사이트에만 가도 가장 먼저 '추천' 상품들이 나옵니다. 그런데 이런 시스템을 구글 같은 회사는 억제하고 있어요. 흥미롭지 않습니까? 구글은 마음만 먹으면 정보를 사용자에게 더욱 직결시킬 수도 있어요. 사용자가 상상하고 있는 것보다 훨씬 더 사용자를 잘 알고 있습니다. 그 사실을 일부러 숨기고 있는 건 아니지만 확실히 드러내 보인다면 모두 좀 무섭다고 생각할 거예요. '구글은 이런 것까지 알고 있는 거야?' 하고 말이죠. 그래서 억제하고 있는 것입니다.

그런데 소비자가 아마존 같은 곳을 이용할 때는 자신이 무엇을 사야 할지 사이트에서 알려 주길 바랍니다. 그래서 이러한 시스템이 가동되고 있는 거예요. 어떤 영역에서는 야스다 씨가 말씀하신 상황이 펼쳐집니다. 즉, 원하는 물건을 발견하거나 소비하는 시간과 노력이 점점 줄어들고 있어요. 우리는 더욱 많은 물건을 훨씬 효율적으로 소비할 수 있게 되었어요. 근사하지요? 이런 상황은 판매자에게도 최고입니다. 옛날 방식 그대로의 도매업이나 소매업 유통 모델에서 벗어나지 못하는 판매자에게는 그다지 달갑지 않은 일이겠지만요.

야스다 소비와 판매가 이루어지는 양상이 지금까지와는 완전히

구글 전 세계 최대의 인터넷 기업인 구글은 웹 검색 서비스, 포털 사이트, 동영상 서비스 등을 제공한다. 1998년 래리 페이지(Larry Page)와 세르게이 브린(Sergey Brin)이 설립했으며, 독자적인 검색 기술로 지금의 자리에 올랐다. 2006년 세계 최대의 동영상 공유 사이트인 유튜브(Youtube)를 인수했다. 현재 전 세계 시가 총액 2위의 대기업이다.

아마존 도서, 의류, 식품 등 다양한 상품의 전자 상거래를 기반으로 한 IT 기업인 아마존은 1994년 제프 베조스(Jeffrey Bezos)이 설립했다. 현재 전 세계 시가 총액 4위의 대기업이다.

달라지겠네요.

스탠퍼드 우리는 지금 온디맨드 분야에서 수요가 크게 진화하고 있는 현상을 보고 있습니다. 셰르파캐피탈은 우버에 투자하고 있습니다. 우버에 관해서는 잘 알고 계시지요? 전용 애플리케이션을 이용한 택시의 차량 공유 서비스입니다. 일반 택시도 배차하지만 사실 그것은 부수적이고, 핵심 사업은 택시 운전사가 아닌 일반인이 자신의 차를 우버에 등록해 출퇴근길이나 따로 일정이 비어 있는 시간에 택시 업무를 해서 수익을 얻도록 하는 것입니다.

다시 말해 고객은 좀 더 많은 '택시'를 편하게 이용할 수도 있다는 장점도 누릴 수 있고, 자가용이 있으면 운전기사가 되어 일을 할 수도 있죠. 잘 알고 계시듯이 오늘날 우버는 매우 큰 수요를 만들어 내고 있습니다.

그리고 우리는 온디맨드로 식사를 제공하는 먼처리^{Munchery}라는 회사에도 투자하고 있습니다. '오물오물 먹는다'는 표현에서 이름을 따 왔는데, 콘셉트는 심플함입니다. 고품질 요리를 합리적인 가격으로, 매우 간편하게 이용할 수 있는 서비스를 제공하지요. 이 서비스에도 수요가 많습니다. 또 큐^{CUE}라는 회사에도 투자하고 있고요.

야스다 큐는 어떤 회사입니까?

스탠퍼드 큐는 온디맨드 병리 검사 서비스를 제공하는 기업입니다. 고객은 집에서 한 발짝도 나가지 않고 2~3분 만에, 예컨대 자신이 HIV^Human Immunodeficiency Virus 양성인지 아닌지 검사받을 수 있죠. 연쇄 구균성 인두염에 걸렸는지, 인플루엔자에 걸렸는지, 비타민D 수치는 어떤지를 단 몇 달러에 검사받을 수 있습니다. 언제 어디서든 일회용 카트리지만 사용해서 말이죠.

지금까지는 어땠나요? 예약을 하고 병원을 직접 찾아가 샘플을 채취해서 검사 센터까지 환자가 직접 가지고 가야 했어요. 검사 결과는 하루이틀 뒤에 나오고요. 그런데 이제 병리 검사를 집에서는 물론 간호사 대기실이나 직장, 학교 등 어디서든 원하는 곳에서 받을 수 있다는 것을 알게 된다면, 사람들은 굳이 병원이나 검사 센터에 가지 않겠지요. 소비자는 보다 편리한 검사를 원하니까요.

셰르파캐피탈에서 하고 있는 일은 어디에 온디맨드 상품과 서비스를 소개할 수 있을까 고민하고 지금까지의 서비스와 충분히 차별화 가능성이 있는 시장을 찾는 것입니다. 차별화 가능성이 있는 시장은 소비자가 "지금까지는 이렇게 해 왔고 저기서 샀지만, 이 서비스가 훨씬 편리하고 좋네요. 게다가 저렴하니까 앞으론 여길 이용하겠어요" 하고 말하는 시장입니다. 야스다 씨가 말씀하신 대로 소비 패턴은 확실히 변화하고 있습니다.

야스다 인공지능이 어떤 검사를 받아야 하는지 추천해 줄지도 모르겠군요.

스탠퍼드 당연히 그렇게 될 겁니다. 우리가 투자하고 있는 인공지능 회사인 루카^{Luka}는 '보트' 기술을 사용하고 있습니다. 보트는 일종의 로봇인데, 특정한 플랫폼을 갖고 있는 게 아니라 그냥 프로그램입니다. 이용자는 메신저 기능을 사용해서 보트와 이야기를 합니다. 대화가 가능하지요. 페이스북도 페이스북 메신저 보트를 서드 파티$^{Third\ Party}$가 개발하는 것을 허가하겠다고 발표했습니다. 기업에서 사용되는 커뮤니케이션 도구인 슬랙^{Slack}도 보트의 개발을 허가하고 있습니다.

보트가 무얼 할 수 있다고 생각하세요? 지금은 아직 소소한 기능밖에 하지 못하고 있습니다. 초기 컴퓨터의 모습이 떠오르지요. "보트. 오늘 날씨는 어때?" 하고 물으면 일기예보를 알려줍니다. "이봐 보트. 회의는 몇 시부터지?" 그러면 이번에는 회의 일정을 보여주고요. 하지만 점점 진화하고 있습니다. 지금 루카가 제공하고 있는 것은 "루카, 데이트하기에 적합하면서 저녁 7시에 예약 가능한 가장 좋은 스시 가게는 어디야?" 하고 물으면 대답해 주는 식의 서비스입니다. 근사하지요.

야스다 굉장한데요.

스탠퍼드 그렇죠? 더 복잡한 일도 이제 곧 가능해질 겁니다. 제 동료는 에마^{Emma}라는 조수를 쓰고 있어요. 그의 메일은 모두 에

마에게 공유되고 에마는 모든 일정을 확인해서 대응합니다. "죄송합니다. 브라이언은 그 시간에는 다른 용무가 있으니, 대신 이 시간은 어떠신지요?" 하고 말이죠. 당연히 여기서 에마는 사람 이름이 아니라 보트의 이름입니다.

"미처 우리가 필요한 물건을 깨닫기도 전에 '당신은 이런 상품을 사야 해요' 하고 권해 주는 날이 왔습니다."

빅데이터 시대가 시작된다

스탠퍼드 인공지능의 등장으로 앞으로 우리 사회의 많은 부분이 크게 바뀔 겁니다. 이미 많은 것이 바뀌고 있어요. 페이스북이나 구글은 대량의 기술 리소스와 데이터를 보유하고 있습니다. 인공지능은 대량의 데이터와 빠른 데이터의 흐름에서 배울 필요가 있기 때문이지요. 인공지능을 구축하는 데 있어 한 가지 과제는 학습을 위해서 대량의 정보를 입력하는 일입니다. 그런데 페이스북이나 구글 같은 기업은 이미 방대한 양의 빅데이터*를 보유하고 있어요. 당연히 인공지능을 구축하는 데 유리한 입장에 있는 거지요.

> **빅데이터**
> 디지털 환경에서 생성되는 대규모 데이터. 이를 활용해 현대사회의 주요 정보를 보다 정확하게 예측하고 개인마다 맞춤형 정보 및 서비스를 제공할 수 있지만, 사생활 침해 등의 문제도 제기되고 있다.

야스다 처음에 그 사업을 시작한 기업에 상당한 이점이 있겠네요. 데이터의 축적을 비롯해 머신러닝Machine Learning*을 강화해서 더 좋은 서비스를 제공할 수 있으니까요. 그래서 새로운 서비스가 정식 제공될 무렵에는 다른 기업은 같은 수준의 서비스를 제공하기가 어렵습니다.

그러한 시나리오를 생각해 보면 기업은 좋은 아이디어를 떠올리고 새로운 서비스를 창조해 그 분야를 독점함으로써 보답을 받을지도 모릅니다. 하지만 경쟁이라는 관점에서 고객을 생각하면 두려운 면도 있습니다. 이를테면 구글은 인터넷 검색 분야에서는 지배적인 위치에 있어 그들이 마음먹고 고객에게 좋지 않은 일을 한다면 어떻게 될까 하는 생각도 듭니다.

스탠퍼드 그렇죠. 그들이 나쁜 일을 하지 않기를 바라지만, 우선 활동이 공정한지 아닌지는 차치하고 특정 기업에 힘이 집중되는 현상에 대한 경제적 의미를 논의해 봅시다.

방금 빅데이터에 관해서 이야기하셨는데, 저희 셰르파캐피탈은 데이터량의 많고 적음이 차별화 요소로 보고 있습니다. 테크놀로지에 관해서는 고급 인재를 고용해서 최고의 팀을 짜고, 고액의 보수를 지급해 뛰어난 엔지니어를 맞아들일 수도 있습니다. 하지만 시간을 거슬러 올라가 서비스 초기부터 계속 축적되어 온 방대한 정보를 똑같이 모을 수 있는 방법은 없어요. 이런 이유로 말씀하신 것처럼 구글, 페이스북, 애플Apple, 마이크로소프트Microsoft, 아마존 등 초기 정보통신 기업들은 현재 확실히 유리한 입장에 있습니다.

일찍이 미국 최대의 통신 회사였던 AT&T는 각 가정의 회선을 모두 가지고 있었기에 사업에서 유리함이 있었습니다. 그런데 정부가 어떻게 했는지 아세요? '회사를 분리하라, 당신들은 하나의 회사로 존재해서는 안 된다'고 했어요. 모든 인프라를 AT&T가 독점해서 갖고 있으면 경쟁의 관점에서 불공평하다는 것이었습니다. 데이터는 인프라잖아요? 그것들은 단지 바이트byte에 불과하지만 어엿한 인프라인 거죠.

따라서 이 분야에서 절대적 강자 위치를 확립하고 있는 구글이 지주 회사인 알파벳Alphabet을 설립한 것은 그러한 사태가 벌어질 위험성을 미리 감지했기 때문일 것입니다. '알파벳을 설립하면 기업 간에 데이터를 서로 나눌 수 있다. 그렇게 하면 우리가 힌두교에 등장하는 절대자인 저거너트Juggernaut처럼 군림하면서 공정한 경쟁을 막고 있다는 의혹의 눈을 피할 수 있다' 이렇게 생각했을지도 모르지요.

그래서 야스다 씨가 말씀하신 대로 맨 처음 사업을 시작한 기업은 유리합니다. 하지만 우리는 고객에 대해서는 걱정하지 않습니다. 고객은 자신의 데이터를 기업에 제공하는 대신 보답이 있는 거지요. 자신이 원하는 정보를 쉽게 접할 수 있는 등 더욱 좋

애플 미국의 IT 기업인 애플은 1976년 스티브 잡스와 스티브 워즈니악(Steve Wozniak)이 설립했다. 개인용 컴퓨터인 매킨토시, 아이북, 맥북, 휴대용 음악 재생기인 아이팟 등의 제품을 거쳐 2007년 전 세계 시장의 판도를 바꾼 스마트폰 아이폰을 발표했다. 현재 전 세계 시가 총액 1위 기업이자 세계 최고의 선도적 IT 기업이다.

마이크로소프트 미국의 IT 기업인 마이크로소프트는 1975년 빌 게이츠(Bill Gates), 폴 앨런(Paul Allen)이 설립했다. 1981년 MS-DOS, 1990년 이후 윈도(Windows) 시리즈의 성공을 통해 개인용 컴퓨터 운영 체제 시장을 지배하는 세계적인 기업으로 성장했다. 현재 전 세계 시가 총액 3위의 기업이다.

은 결과를 얻을 수 있습니다. 고객 데이터가 있으면 에마 보트나 인공지능 관리자는 고객이 무엇을 사면 좋을지, 어디에 좋아할 만한 좋은 가게가 있는지, 더 많은 정보를 제공할 수 있어 더욱 효과적인 서비스를 실현할 수 있습니다.

정보 공유가 성공 요소

야스다 실리콘밸리의 시스템이라고 할까, 이곳의 '커뮤니티'는 세계의 어떤 곳과 비교해도 매우 성공적입니다. 그 요소는 어디에 있다고 생각하십니까?

스탠퍼드 흥미진진한 질문이로군요. 작년 여름에 신경제회담에 참가하기 위해 일본에 갔을 때에도 같은 질문을 받았습니다. 그때도 실리콘밸리가 지금처럼 특별한 역할을 하고 있는 이유가 무엇인지 물어 온 사람이 있었거든요.

그렇습니다. 창업자들을 생각하면 좋을지도 모르겠어요. 세계의 다른 곳에 비교해서 실리콘밸리의 창업자들은 어떻게 성공했는지 살펴봅시다. 실리콘밸리에는 에코 시스템이라고 불리는 시스템이 있습니다. 작은 시스템으로 규모는 대학교 캠퍼스 정도예요. 이를테면 이런 느낌입니다. 창업 아이디어를 가진 대학교수가 있다고 칩시다. 누군가의 의견을 듣고 싶을 때는 학생들에게 물어도 되고 종신 재직권을 가졌을 법한 교수나 다른 교직원에게 물어도 좋습니다. 유명 대학 출신에 경력도 있으니 누구에게든 편하게 전화를 걸 수도 있고요. 다시 말해 이곳에서는 정보 교환이 활발하고 모두 서로를 돕고 있습니다.

저는 가끔 집에서 딸과 함께 컴퓨터를 조립합니다. 우연이지만 지금 조립하고 있는 컴퓨터 키트를 판매하는 회사는 예전부터 흥미를 가지고 있던 회사예요. 내일 밤에는 그 회사의 창업자들과 식사를 할 예정이죠. 일 때문에 만나는 자리가 아니라 친구로서 만나는 겁니다. 실리콘밸리 커뮤니티에는 매우 강한 연결 고리가 있어서 우리에게는 그것이 인생 그 자체입니다. 그래서 정보 교환도 하고 서로 돕는 거지요.

야스다 실리콘밸리에 대한 일반적인 인식과는 차이가 있네요. 서로 경쟁이 치열할 것 같은데요.

스탠퍼드 일본에서 열린 신경제회담에서 제가 "실리콘밸리의 회사들은 서로 돕고 있다"고 말했더니 사회자 한 분이 "농담하시는 거지요? 서로 돕는다고요? 경쟁하고 있는 걸 잘못 말한 거 아니고요?" 하고 묻더군요. 저는 "아니에요. 그렇지 않습니다" 하고 대답했어요.

물론 경쟁도 하지요. 당연한 일입니다. 아마존이 경쟁사인 타깃Target을 도와줄까요? 도와주지 않아요. 우버가 자신들의 라이벌 리프트Lyft를 도와주는 일도 없습니다. 다만 상황에 따라 서로 손을 잡는 경우는 있어요. 기술혁신을 감속시킬 것 같은 정부 규제에 대항할 때는 힘을 합치는 거지요.

더 흥미로운 점이 있어요. 여기 있는 사람들은 할 수 있는 일은 당장 한다는 정신이 있습니다. 그것이 우리들의 강점이에요. 다른 커뮤니티에서처럼 걱정이나 불안이 족쇄가 되는 일은 없습니다. 서로 신속하게 협력해서 일하고 아이디어와 사고를 공유합니다. 저도 저녁 식사나 임원회에 동업자인 벤처투자가가 참가한 적이 여러 번 있어요. 항상 서로 많은 것을 이야기하고 아이디어를 공유합니다. "자네 혹시 이런 거 알고 있나?"라든가 "요새 이게 유행이라던데. 알고 있어?" 하는 식으로요. 정보도 협력 체계도 충분합니다.

게다가 그런 활동을 지지해 주는 경제 시스템의 도움도 받고 있어요. 자금 조달 단체도 있고 법률적인 문제를 조언하는 변호사 사무소나 회계 사무소 등지에서 스타트업 기업$^{Startup Company}$을 적극적으로 지원합니다. 그렇게 해서 성공이 성공을 낳고 있습니다. 구글이나 야후^{Yahoo} 또는 페이스북 같은 기업이 성공하면 재능 있는 사람들이 자연스럽게 몰려들잖아요? 그렇게 최고의 인재들이 모여서 눈사람처럼 커지는 거지요.

다시 한 번 강조하지만 경쟁은 있습니다. 아주 치열하지요. 실리콘밸리의 모두가 같은 회사에서 일하고 있는 게 아니니까요. 모두 경쟁에서 이기고 싶어 해요. 하지만 누군가가 경쟁에서 승리한다는 것은 라이벌 회사는 패한다는 뜻입니다.

인재 채용도 마찬가지에요. 우수한 기술자를 서로 데려가려고 합니다. 더 뛰어난 인재를 고용한 쪽이 승리하고 그렇지 못한 쪽이 지는 거지요. 채용은 비즈니스와 직결됩니다. 그런 식으로 서로 완전히 손을 잡고 있는 게 아니라, 자본주의 시스템 안에서 치열한 경쟁도 하고 있습니다.

실리콘밸리의 독특한 장점은 하나의 기업체가 아니라는 점입니다. 하나의 산업도 아닙니다. 어림잡아 말하자면, 확실히 대부분의 기업이 기술혁신에 관여하고 있습니다. 하지만 아침에 누군가가 이곳에 앉아서 식품 업계의 기술혁신을 생각했는가 하면 점심에는 다른 사람들이 와서 드론Drone에 관해 아이디어를 짜내고 있습니다. 그런가 하면 또 저녁에는 출판에 관한 이야기로 열기를 띠고 있지요. 여기서 일어나는 비즈니스는 모든 산업 분야를 망라하고 있답니다. 한 가지 분야에만 집중하는 게 아니에요. 덕분에 모든 일이 항상 신선하고 자동화되어 역동적이고도 경쟁력 있는 상태가 되는 것이지요.

"실리콘밸리의 커뮤니티에는 매우 강한 연결 고리가 있습니다. 물론 경쟁도 하지만, 정보 교환도 하고 서로 돕습니다."

드론 무선 전파로 조종 가능한 무인 항공기. 처음에는 군사 목적으로 발명되었으나, 지금은 고공 촬영이나 물건 배달, 무선 조종 장난감 등 다양한 용도로 활용되고 있다.

새로운 산업의 미래

야스다 이번에는 대표님에 관해서 여쭙겠습니다. 대표님은 이미 거액의 재산을 모으셨을 텐데요. 그런데도 회사나 그 밖에 뭔가를 위해서 열심히 일을 하시는 동기는 뭔가요? 자산가가 일에 몰두할 만한 동기가 뭔지 알고 싶습니다.

스탠퍼드 자신만을 위해서만 일하는 사람은 거의 없다고 생각해요. 그 사실을 깨닫는 것이 중요합니다. 우선 저에게는 공동 창업자가 있어요. 셔빈 피셔버와 3년 전 공동으로 셰르파캐피탈을 만들었습니다. 저는 그를 위해서도 일하고 있고, 그 또한 저를 위해서도 일하고 있어요. 다행히도 우리는 생각이 비슷합니다. 두 사람 다 장기적인 안목으로 일을 계획하고 있고요.

또 하나 확실히 해 두고 싶은 것이라면, 우리가 투자한 돈은 5억 달러지만 그 자금의 대부분은 저희 돈이 아니라 출자해 준 파트너들의 돈이라는 겁니다. 자금 출자자는 유한 책임을 지고 저희에게 자금을 신탁한 것이죠. 저희가 수입을 얻는 것은 투자가 수익을 창출할 때뿐입니다. 따라서 저희에게도 보스가 있는 겁니다. 그들이 있기에 투자도 하고 기업을 만들기도 하고, 더 장기적인 관점에서 상황을 진척시킬 수 있는 거지요.

셔빈과 저는 이 일을 평생하려고 합니다. 왜냐고요? 열정 때문이지요. 단순히 돈을 벌기 위해서만이 아닙니다. 물론 돈을 버는 것도 좋지만, 우리는 테크놀로지 자체를 좋아해요. 순수하게 우리가 하는 일에 열정을 갖고 있습니다. 종종 말하지만 저희에게는 일과 놀이의 경계가 없어요. 일 외에 다른 관심사가 없는 게 아니라 지금 일로 하고 있는 테크놀로지 자체에 관심이 많습니다. 집에서도 요 며칠간은 10살, 12살짜리 두 딸과 함께 컴퓨터를 만들며 놀고 있어요.

야스다 아이들과 함께하는 시간에도 테크놀로지를 접하시는 거군요?

스탠퍼드 그렇습니다. 칩을 사용해서 배선을 하고 조립도 해요.

매일 집에 돌아가 어린 두 딸과 컴퓨터를 조립하는 일이 무척 즐겁습니다. 그래서 일에 몰두하는 동기가 무엇인지 질문을 받으면 제 대답은 무척 간단합니다. 테크놀로지가 그 자체로 좋기 때문이지요. 그리고 무엇보다도 혁신적인 일에 도전해서 '무언가를 바꾸고 싶다'는 갈망도 있습니다.

제가 아까 먼처리에 투자하고 있다고 말씀드렸지요? 지금 미국에는 무려 35만 개의 레스토랑이 있는데, 왜 그렇게 많은 가게가 있다고 생각하세요? 다양한 요리가 있는 편이 소비자에게 좋기 때문입니다. 가게가 많이 있으면 소비자가 찾아가기도 편하고요. 레스토랑이 멀리 있으면 찾아가는 데 시간이 걸리거나 배달 과정에서 요리가 식어 버리겠죠. 하지만 비즈니스 모델을 처음부터 다시 생각해 봅시다. 만약 고품질 식당이 단 한 개만 있고 거기서 하룻밤에 15~20종류의 식사를 만든다면 어떨까요? 아이폰이나 안드로이드 앱을 사용해 주문한 지 10분 이내에 현관 벨이 울리고 요리가 배달된다면 말이지요.

야스다 단 10분 만에요?

스탠퍼드 주문한 지 10~15분 이내요. 어떻게 될까요? 그 많은 레스토랑은 더 이상 필요 없을 겁니다. 굳이 가까이에 없어도 되고요. 그렇게 되면 문제가 되는 것은 맛뿐이지요. 35만 개가 넘는 레스토랑의 음식 맛은 어떤가요? 자본이 수천만 달러인 기업이 최고급 재료와 최고급 요리사를 써서 만드는 요리와 비교해 손색

이 없거나 그 이상의 요리를 내는 레스토랑이 과연 얼마나 될까요? 제 답은 정해져 있습니다.

창의적이고 다양한 방법들도 전개되고 있어요. 그중 하나가 밀 키트Meal Kit입니다. 집에서 요리를 해도 좋아요. 만일 방금 만든 요리를 먹고 싶다면, 예컨대 생선 튀김을 완벽하게 만들고 싶다면 그냥 밀 키트를 개봉해서 직접 조리하면 되는 거예요. 설명서에 쓰여 있는 순서대로 봉지를 열어서 재료를 하나하나 넣어 섞으면 끝입니다. 그러면 완벽합니다. 저희가 투자한 먼처리는 그런 사업도 하고 있어요.

베이 에어리어Bay Area 지역에 치폴레Chipotle라는 멕시코 요리 전문 레스토랑 체인점이 있어요. 공개 기업으로 시가 총액은 200억~300억 달러입니다. 그 기업은 베이 에어리어에서 많은 레스토랑을 운영하고 있어요.

하지만 저희는 같은 베이 에어리어에 차린 한 개의 레스토랑만으로 매출은 그들의 절반을 달성하고 있어요. 절반. 무려 베이 에어리어에서 말이죠. 믿기 어려우시겠지만, 식당은 단 한 개뿐입니다. 청소 담당도 한 팀밖에 없고요. 셰프는 여러 명 있지만, 손님을 맞이하는 서빙 직원도, 주차 요원도 없습니다. 그렇다고 레스토랑이 거리의 중심지에 있는 것도 아니고요. 이것이 바로 파괴적인 기술혁신입니다.

야스다 놀랍네요. 산업 자체를 뒤바꿔 버린 거군요.

스탠퍼드 저희는 이러한 일에 흥분하는 겁니다. 우버도 그렇고요. 공동창업자인 셔빈과 저는 우버 덕에 만나게 되었습니다. 저희는 두 사람 다 우버가 막 생겼을 무렵에 따로 투자를 했습니다. 창업기에 이은 제2단계의 투자인 시리즈 B 시기에 해당하지요. 당시는 매우 작은 회사였지만 아이디어가 흥미롭고 매력적이었지요. 저희 두 사람 모두 뭔가 새로운 변화가 일어나고 있다는 것을 직감했습니다.

아까 경제 이론에 관해서 질문하셨죠? 시장을 생각해 보세요. 우버는 수요와 공급의 가장 좋은 예입니다. 수요와 고급의 효율적인 조화에 대한 도전이지요. 한 번 효율적으로 조화를 이루면 탄력이 붙어서 네트워크 효과 도 생겨 현재와 같은 결과를 낸 겁니다. 이것이 바로 기술혁신이에요. 혹시 옐로캡^{Yellow Cab}이라는 회사를 아시나요?

야스다 네. 압니다. 택시 회사지요.

스탠퍼드 오늘 알게 된 소식인데, 파산 신청을 했다고 합니다.

야스다 정말입니까? 미처 몰랐습니다.

스탠퍼드 옐로캡은 샌프란시스코 최대의 택시 회사입니다. 그런 회사의 주가가 계속해서 떨어지고 대신 우버의 주가가 계속 오른 거지요. 바로 이런 변화가 저희가 일하는 가장 큰 동기입니다. 기술혁신으로 기존 산업 자체를 뒤바꿔 버리는 거

> **네트워크 효과**
> 고객이 늘어날수록 네트워크의 가치가 높아지고 고객의 편익이 증대되는 일.

지요. 흥미진진하고 흥분되는 일입니다.

야스다 새로운 비즈니스는 당연히 고객에게 편리하고 도움이 되잖아요. 하지만 단점도 생각할 수 있습니다. 대표님이 지금 말씀하신 것처럼 관련 업계에 있는 기존 기업의 도산 문제입니다. 그러한 기술혁신의 긍정적인 면과 부정적인 면에 대해서는 어떻게 생각하십니까?

스탠퍼드 야스다 씨는 경제학자시지요? 사실 그러한 문제는 몇십 년 전부터 있었습니다. 항상 무언가 붕괴되고 나면 새로운 것이 창조되었지요. 그렇지요? 그렇게 우리 경제는 진화해 온 것입니다.

야스다 그것은 기술혁신의 영향과 관계없이 다양한 경제 문제에 공통된 과제일 것 같습니다. 이점으로 말하자면 아주 다양하며, 많은 사람들은 작고 큰 혜택을 받습니다. 하지만 경쟁에서 진 사람이 받는 마이너스 영향은 굉장히 크지요. 그래서 그런 사람들은 새로운 변화나 정책 변경에 강경하게 반대하는 거라고 생각합니다.

"파괴적 기술혁신으로 산업 자체를 뒤바꿔 버리는 것, 투자가는 이러한 일에 흥분합니다."

스탠퍼드 개인적인 의견이지만, 그렇다고 해서 앞으로도 역사가 꼭 반복된다고는 생각하지 않습니다. 소위 전환점에 이르러 기술 혁신이 효율성을 엄청나게 높이고 고용 상황을 극적으로 바꿀지도 모르죠. 미국뿐만이 아니라 전 세계적으로요.

대표적인 사례로 우버를 꼽을 수 있습니다. 우버의 운전기사가 불만을 갖고 있다면 공급 문제가 생기겠지요. 운전기사가 줄어들면 고객도 더는 '택시'를 탈 수 없으니까요. 중요한 것은 운전기사가 만족할 수 있는 최저한도를 찾는 일입니다. 만약 운전기사를 넘칠 정도로 만족시키려면 고객의 금전적 부담이 너무 커진다는 뜻이지요. 그러므로 그 손익 분기점을 찾는 것이 중요합니다. 저희는 모든 비즈니스에서 이 작업을 하고 있어요. 성공하기 위한 하나의 비결입니다.

지난 대선 때 힐러리 클린턴Hillary Clinton 후보가 "비정규 고용이 많은 노동시장은 노동자에게 좋지 않다"고 말한 적 있습니다. 하지만 저희는 그 말이 사실과 다르다고 생각했어요. 그래서 힐러리 후보의 선거 사무소에 전화를 걸어 저희에게로 와 달라고 했지요. 저희는 힐러리 후보를 불러 에어비앤비와 먼처리, 우버, 그리고 온디맨드 서비스 택배 업체인 시프Shyp 창업자들과 직접 이야기를 나누었어요.

저희 회사에서 비정규직으로 근무하는 직원들에게 물어보니 모두들 자유롭게 인생을 살고 있다고 하더군요. 무려 다섯 종류의 비정규직 고용을 즐기고 있는 사람도 있습니다. 우버에서 두세 시간 운전기사로 일하면서 대학에서 공부도 하고 틈틈이 의류 회사에서 일하거나 다른 일도 합니다. 그게 자유로워 좋다고 하더군요. 다른 사람에게 지시받고 싶지 않다고 하면서요. 그래서 단순히 '비정규 고용은 노동자에게 무조건 좋지 않다'고 단정 지어 부정하지 않는 겁니다. 자율주행에 관한 이야기는 많이 들으셨지요?

야스다　네. 들어봤습니다.

스탠퍼드　최근 실리콘밸리에서도 자율주행 기술은 화제의 중심에 있어요. 일론 머스크Elon Musk는 "장소에 따라서는 자신의 자동차를 운전하는 것이 위법이 될 날이 올 것이다"라고 예측하고 있습니다. 모두가 자율주행 자동차를 사용하게 된 세계의 모습을 상상해 보면 그의 예측도 납득이 되거든요.

야스다　운전이 위법이 된다고요?

스탠퍼드　네. 위법입니다. 자율주행에 비해 안전하지 않기 때문이지요.

야스다　그렇군요. 놀랍습니다.

스탠퍼드　아시다시피 인간의 뇌에는 불안정 요소가 무척 많습니다. 자칫 정신이 다른 데로 쏠릴 여지가 너무 많은 거죠. 그런데

자율주행 운전자의 조작 없이 프로그램 스스로 도로 상황을 파악해 목적지까지 안전하게 운전하는 자율주행 자동차는 구글 등 세계적 대기업들이 한창 연구개발에 나서고 있다.

인공지능을 탑재한 자율 주행 자동차는 프로그래밍을 통해 주변 상황을 지속적으로 학습하기 때문에 순식간에 상황을 바라보고 올바른 판단을 할 수 있습니다.

일론 머스크의 주장이 옳다면 장래에는 고속도로의 차선에 '자율주행 자동차 외 진입 금지'라는 표지판이 세워질 날이 오겠지요. 일반 자동차는 점차 자율주행 자동차로 바뀔 거예요. 키워드는 '효율성'입니다. 그러면 세계 전체 차량의 95퍼센트는 필요 없어질 겁니다.

야스다 사람이 운전하는 게 금지될 수도 있다니, 자동차나 안전에 대한 기존의 관념이 완전히 바뀌는 거네요. 놀랍습니다.

일론 머스크, 상상을 현실로 만들다

1971년 남아프리카공화국에서 태어난 미국인 기업가이자 엔지니어, 발명가, 투자자. 전기 자동차 메이커 테슬라 모터스(Tesla Motors)와 세계 최고의 민간 우주 기업 스페이스 X(Space X)의 창업자다. 항상 미개발 분야, 최첨단 분야로 눈을 돌리면서 전자동 자동차를 타고 아메리카를 종단한다든지, 화성으로의 이주 계획을 세운다든지 하는 대부분의 사람이 공상 과학으로밖에 생각하지 못하는 꿈을 이야기한다.

그는 스스로 여러 인터뷰에서 밝혔듯 과학 기술에 미친 듯 열중하는 '오타쿠(オタク)'이기도 하다. 몽상가였던 과거를 수줍어하며 웃는 얼굴로 이야기하는 그의 무기는 바로 상상력이다. 자본주의 사회의 욕망이 물질적인 것에서 가상적인 것으로 계속 옮겨 가고 있는, 상상력이 곧 최대의 상품인 시대로 바뀌어 가는 오늘날의 사회가 그와 같은 스타일의 혁신가를 요구하는 것은 당연하다. 거대한 구상을 당당하게 내놓고 과감한 도전을 계속하는 모습은 창업을 목표로 하는 젊은이들에게 희망의 빛이 될 것이다.

또 그렇게 되기 위해서라도 그와 같은 혁신가들이 우리 사회에 출현하는 흐름이 단지 안이한 '천재 신화'나 유명무실한 공상으로 끝나지 않기를 바란다. 일론 머스크의 욕망 속에는 물론 공명심이나 야심도 있겠지만, 내면에서 솟아나는 상상력이 중요한 핵이며 그것이 우리 사회의 발전을 이끄는 원동력이 될 것이기 때문이다. 내면에서부터 우러나 발산되는 상상력이라는 맥락에서 제2, 제3의 일론 머스크는 실은 가까운 곳에 있었음에도 미처 생각지 못한 분야, 또는 상상도 못했던 전혀 다른 모습을 하고 있을지 모른다. 우리가 개척해야 할 새로운 분야도 실은 더 가까운 곳에 있는 것은 아닐까.

스탠퍼드 바깥을 한번 보시겠어요? 6층짜리 건물이 있지요? 그 안에는 많은 차들이 세워져 있습니다. 하루 종일 대부분의 시간을 그곳에 놓여 있으며 하루에 5킬로미터나 기껏해야 50킬로미터 정도 달릴 뿐입니다. 거리에도 온통 주차되어 있는 차들이지요. 주율주행 시스템이 정착된다면 그런 차들은 없어집니다. 차 한 대가 연달아서 사람을 태울 수 있으니까요.

저희가 주목하는 것은 우버만의 고효율 모델입니다. 더욱 자동화되면 우버의 비용이나 그 외 여러 가지 비용이 인건비에 비해 훨씬 적어질 겁니다. 게다가 자율주행으로 인건비마저 없어진다면 소비자는 대만족이지요. 운전을 직업으로 가진 사람이 아니라면 말이지요.

운전기사는 어떻게 될지 걱정이 되시나요? 역사를 보면 그들은 곧 다른 일을 하게 됩니다. 더 이상 철도를 만들지 않게 되면 그곳에서 일하던 사람들은 고속도로 공사 현장으로 가지요. 고속도로 공사가 없어지면 이번에는 고속철도 현장이라든지, 다른 대체할 곳을 찾게 되는 식인 거지요.

하지만 언젠가 어느 시점에서 모든 것이 테크놀로지로 대체되어 인간의 일이 모두 없어진다면 곤란할 수도 있겠지요. 위기가 곧 기회일지도 모르지만요. 상황에 따라 우리는 그리고 사회는 다른 방향으로 진화할 수 있으니까요.

야스다 그렇군요. 제 생각을 말씀드리면, 그런 일은 큰 문제가 되지는 않을 거라고 생각합니다. 그리스나 로마의 역사를 보면 확실합니다. 당시는 노예가 일하고 시민은 여가 생활을 즐겼습니다. 머지않아 그와 유사한 세상이 올지는 모르겠습니다만, 가능성은 충분하니까요.

스탠퍼드 인공지능이 인간의 노예가 된다고요?

야스다 네, 그렇습니다. 사실 노예라는 단어는 좋은 말이 아니지만 인공지능이라든지 자동화된 기계나 시스템이 인간 대신 노동하게 되는 거죠.

스탠퍼드 그런 미래에 대한 가능성을 부정하지 않겠습니다. 우리가 맞이할 그런 변화들은 인간에게는 하나의 도전이며 힘든 상황이 될지도 모르지만, 반면에 기회가 될 수도 있다고 말하고 싶군요.

우리는 그런 상황을 미리 예측하고 좀 더 대비해야 합니다. '내가 살아 있는 동안은 상관없어' 또는 '그때면 이미 난 은퇴하고 느긋하게 지내고 있을 텐데 뭘'이라는 식으로 문제를 어물쩍 넘기면 안 됩니다. 진지하게 생각하지 않고 사회 차원에서의 준비를 소홀히 하면, 급격하게 밀어닥친 변화가 사회, 경제, 정치에 미치는 영향은 이루 헤아릴 수 없을 겁니다.

야스다 그렇군요. 그렇다면 우리에게 그런 변화를 대처할 시간이 있을까요?

스탠퍼드 다행히도 아직 10년 정도는 시간이 있을 거라고 생각합니다. 어쩌면 20년이나 30년이 걸릴지도 모르겠어요. 하지만 과거와 비교해서 얼마나 먼 미래의 일이 될지를 예상하는 것은 위험합니다. 변화 속도는 이전 시대에 비해 훨씬 급격하게 가속되고 있으니까요.

이를테면 밤에는 전조등을 켜고 자동차 운전을 하잖아요. 사람의 눈에는 전조등이 비추는 곳밖에 보이지 않습니다. 익숙하기 때문에 별 상관없어요. 브레이크도 문제없이 밟을 수 있고요. 하지만 자동차가 점점 속도를 올리면 어떻게 될까요? 우리의 반응도 속도를 올려야만 하지요. 핸들 조작이나 브레이크 밟는 속도가 늦어지면 위험합니다. 그와 마찬가지예요.

지구 환경과 테러리즘, 그 외 온갖 지구 규모의 문제들에 관해서 서로 이야기하고 있듯이 우리는 사회의 일원으로서 또한 글로벌 사회를 살아가는 인류로서 테크놀로지가 진보하고 인간이 일하지 않아도 되는 사회에 대해서도 앞으로 10년 안에 서로 이야기를 나누어야 합니다. 어떻게 하면 좋을까요?

야스다 씨가 지적한 것처럼 노예제가 있었던 시대의 경제를 역사적으로 바라보고 무엇을 배울 수 있을까요? 고효율이고 비교적 저렴하며 자동화된 노동력을 실제로 손에 넣는다면 어떤 세계가 될까요?

야스다 대표님이 말씀하신 대로 우리의 반응 속도를 더 높여야만 하겠지만, 다른 한편에서는 더 좋은 전조등을 만들어 내길 바랍니다.

스탠퍼드 멀리까지도 잘 보이도록 말인가요?

야스다 그렇습니다. 대표님 기업이 하고 계신 일은 경제를 가속
시키는 동시에 비전을 제시하고 있습니다. 그야말로 더 좋은 전
조등인 것이죠.

스탠퍼드 그런가요? 다시 말해 저희가 어떻게 도움이 될 수 있
느냐에 달렸군요.

"인공지능이 모든 노동을 대체하는 상황에 대비해야 합니
다. 이것은 하나의 도전이지만, 반면에 기회가 될 수도 있습
니다."

테크놀로지가 모든 것을 결정한다

스탠퍼드 테크놀로지가 급격하게 세상을 바꾸고 있다는 의견에
사람들이 귀를 기울이지 않는다는 사실이 저는 신경 쓰입니다.
사람들은 "전에도 그랬는걸" 하고 말합니다. "산업혁명도 있었
고, 열차도 발명되고, 이런저런 많은 일들이 있었어" 하고 말이죠.
진부하고 틀에 박힌 말로만 들리는 거죠.

하지만 이번에는 달라요. 지금 계속해서 일어나는 일들은 경제

에 충격을 주기만 하는 게 아닙니다. 저는 이렇게 생각해요. 우리가 지금 보고 있는 것은 인류라는 '종의 진화'입니다. 그렇게 생각하는 별난 사람들이 저희 말고도 있습니다.

유구한 생명의 역사를 한번 살펴보면 핵심 데이터라 할 수 있는 DNA가 플랫폼에서 또 다른 플랫폼으로 이동하고 있을 뿐이라는 걸 알 수 있어요. 해조류에서 시작된 생명이 생식이나 무작위 전환과 결합하거나 변형에 의해 살아남아 생명의 연쇄가 되고, 현시점에서는 당연한 일이지만 그러한 데이터가 인간이라는 '플랫폼'에도 존재하고 있습니다.

야스다 놀라운 지적입니다. 우리 인간 역시 일종의 플랫폼에 불과할 수도 있다는 말씀이신 거니까요.

스탠퍼드 아시다시피 지구의 나이를 기준으로 생각할 때도 인간이 탄생한 지는 그리 오랜 시간이 지나지 않았습니다. 생명의 역사를 보면 인간이 탄생하고부터 지금까지의 시간은 아주 짧은 일순간이에요. 무의미하다고 말해도 좋을 정도로 짧은 시간입니다. 그렇지만 우리에게는 그것이 전부지요.

그래서 우리 인류가 가지고 있는 시점이나 전조등에 의한 시야는 시간적으로 물리적으로 한정되어 있어요. 물론 인간은 인간이 최고라고 자부합니다. 하지만 아마도 오랑우탄 역시 자기네들이 최고라고 믿고 있을 겁니다. 두꺼비도 자신들이 최고라고 생각할게 틀림없어요.

그렇게 생각하면 최종적으로 생명은 어디에 다다르는 것일까요? 경제를 혁신하듯이 인류를 혁신하면 어떻게 될까요? 그야말로 굉장한 붕괴가 일어날 것입니다. 핵심은 인공지능입니다. 다음시대의 새로운 '종種'이에요. 실리콘밸리가 줄곧 거듭해서 비즈니스를 혁신하고 변화를 시도해 온 것과 마찬가지로, 많은 사람이 인공지능을 혁신하고 변화시키고자 도전하고 있습니다.

만약 인공지능에게 인간처럼 자아가 생긴다면 어떻게 될까요? 우리 인류의 선조가 맨처음 탄생했을 때는 어땠을지 생각해 봅시다. 아마도 그때 다른 생물들은 인류의 탄생이라는 사안의 중대성을 깨닫지 못했을 거예요. 당시에는 도대체 무엇이 만들어졌는지 누구도 아무것도 그 의미를 알지 못했지요. 우리도 마찬가지입니다. 지금 무엇을 만들어 내고 있는지 이해하지 못합니다. 하지만 분명히 새로운 것이 창조되고 있어요. 제 생각에 창조는 이미 시작되었습니다.

구글, 페이스북, 아이비엠IBM 그리고 아까 저희가 투자하고 있다고 말씀드린 루카 같은 회사에서 말이지요. 루카에는 러시아 출신 엔지니어가 여섯 명 있어요. 이들은 보트를 작은 방에서 만들어 냈습니다.

우리가 생각할 것은 경제보다 훨씬 큰 문제입니다. 자동화나 인공지능 등 효율성에 관련된 움직임이 우리에게 얼마나 큰 영향을 주는지 알아야 합니다. 전 세계적 영향력을 가진 문제니까요.

야스다 새로운 테크놀로지가 종을 바꿀지도 모른다고 말씀하셨
는데요. 기업에 의한 기술혁신이 그렇게 큰 영향력을 갖고 있다
면 당연히 경제 시스템도 바뀔 수 있다는 뜻인가요?

스탠퍼드 네. 그렇게 생각합니다.

야스다 오랜 세월에 걸친 인간의 경제 활동과 비교하면, 자본주
의나 시장경제는 단기적으로 일어나고 있는 현상입니다. 그러한
의미에서 자본주의의 미래는 어떻게 될 거라고 생각하십니까? 새
로운 테크놀로지에 의해 자본주의는 모습을 바꿔 갈까요?

스탠퍼드 매우 흥미로운 문제로군요. 야스다 씨는 그 분야의 전
문가니까 저보다 훨씬 잘 대답하실 거라고 생각합니다만, 제 의
견을 말씀드리지요.

자본주의는 지금까지 매우 유효한 시스템이라고 증명되어 왔
습니다. 특히 자본주의가 번영해 온 시대에서는 그랬습니다. 하지
만 결코 완벽하지는 않아요. 민주주의와 마찬가지입니다. 유효하
다고 증명되긴 했지만 완벽하지는 않습니다.

이제 우리는 4차 산업혁명 시대도 준비해야 합니다. 인간의 노
동력을 기반으로 한 현재의 경제 시스템에서 기계와 인공지능을
통해 고도로 자동화된 시스템으로 변화하는 과정에서 자본주의
의 유효성이 문제되는 날이 반드시 올 테니까요. 어떻게 될지는

4차 산업혁명

2016년 다보스포럼(세계경제포럼)은 '4차 산업혁명'이 앞으로 우리가 당면한 가장 중요한 화두라고 선언했다.

이와 관련해서는 굉장히 상징적인 사건이 있었는데, 바로 2016년 3월에 열린 인공지능 바둑 프로그램 알파고와 한국의 프로바둑기사 이세돌 9단과의 대결이다. 변수가 많은 바둑은 인공지능이 인간을 뛰어넘기 어렵다는 많은 이들의 예상과 다르게 경기는 4대 1로 알파고의 완승으로 끝난 것이다. 이 대결은 많은 이들에게 새로운 테크놀로지의 시대가 열렸다는 것을 일깨워 주었다. 그렇다면 이러한 새로운 테크놀로지의 시대를 알리는 4차 산업혁명이란 대체 무엇인가?

이 개념의 중요성을 강조하는 이들은 인공지능과 로봇, 사물인터넷과 빅데이터, 3D프린터와 가상 물리 시스템 등의 새로운 테크놀로지의 위력을 강조한다. 이러한 새로운 기술이 이전까지와는 완전히 다른 혁명을 열어젖힌다는 것이다. 대표적으로 클라우스 슈밥(Klaus Schwab) 다보스포럼 회장은 이 혁명이 속도나 범위, 체제에 대한 충격의 측면에서 3차 산업혁명과도 차원이 다른 강력한 변동을 초래할 것이라고 주장한다. 4차 산업혁명이 현실과 가상을 통합해 원격으로 사물을 제어하는 것을 넘어서, 궁극적으로 인간의 노동력 없이도 공장을 가동시켜 생산을 할 수 있는 가상 물리 시스템의 구축한다는 것이다.

물론 비판론자들은 4차 산업혁명에 대해서는 아직 확립된 개념이나 이론, 실체가 없다는 점을 지적한다. 또 설령 변화가 있다고 하더라도 3차 산업혁명의 연장선 정도에서 파악이 가능하다는 것이다.

과연 어느 쪽 말이 맞을까? 아직까지 분명한 것은 없지만, 오늘날 미국과 독일 등 전 세계 선진국과 대기업들이 가장 관심을 갖는 주제 중 하나라는 점에서 우리가 지속적으로 고민해야 할 중요한 화두임에는 분명하다.

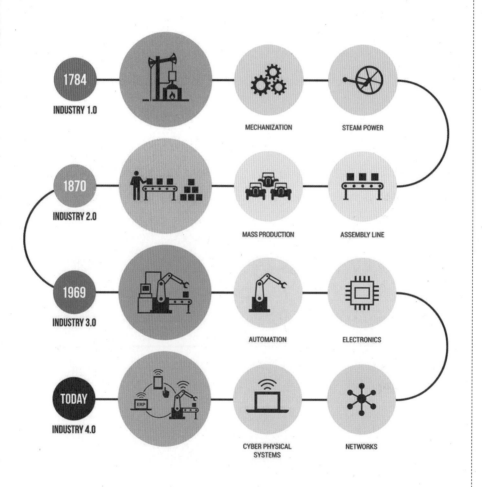

1784
INDUSTRY 1.0

MECHANIZATION

STEAM POWER

1870
INDUSTRY 2.0

MASS PRODUCTION

ASSEMBLY LINE

1969
INDUSTRY 3.0

AUTOMATION

ELECTRONICS

TODAY
INDUSTRY 4.0

CYBER PHYSICAL
SYSTEMS

NETWORKS

모르겠습니다. 하지만 우리는 열린 태도를 지니고 있어야 할 거예요. 경제의 기반만을 평가하는 전통적인 방법을 고집해서는 안 됩니다. 성공을 나타내는 지표로서 고용률이나 생산성만 따지는 것은 의미가 없습니다.

어쩌면 실업률이 30~40퍼센트 가까이 될 날이 올지도 모릅니다. 또 그런 현상은 당연하며 나쁜 일이 아니라고, 많은 사람이 생각하게 될 날이 반드시 올 겁니다.

야스다 그렇다면 지금까지와는 전혀 다른 사회 시스템이 필요하겠네요. 현재의 시스템에서 그 정도 실업률이면 심각한 사회문제가 될 테니까요.

스탠퍼드 그렇습니다. 현재 노동인구의 약 절반이 일하지 않게 된다면 지금과는 다른 사회 시스템이 필요하겠지요. 지금의 자본주의는 학생이나 은퇴한 사람 이외의 성인은 반드시 일하는 것을 전제로 하고 있으니까요. 일하지 않는 사람이 절반이나 되는 사회에는 무언가 새로운 사회 시스템이 필요합니다. 답은 모르겠어요. 사회주의라고 생각하지는 않습니다. 지금까지 많은 시스템이 시도되어 왔습니다만, 새로운 시스템은 그것들의 하이브리드가 될 수밖에 없습니다.

조심해야 할 것은 숙고한 끝에 그저 사회주의로 옮겨 가는 일입니다. 사회주의 체제에서는 성공한 사람 또는 일하는 사람이 그렇지 않은 사람들을 부양해야 합니다. 그런 구조는 인간의 본성에 반할뿐더러 지속 가능성도 없다고 생각합니다.

지금까지 있었던 모델 A와 모델 B 중 어느 것을 선택할까 하는 논의가 아니라, 완전히 새로운 모델 C를 모색해야 합니다. 관점을 바꾸면 새로운 경치가 보이지 않을까 싶어요. 새로운 발상이 나올 겁니다.

야스다 그 미래를 향한 과정에서, 지적하신 대로 실업률이 문제 중의 하나가 될지도 모르겠네요. 또 하나 문제가 될 수 있는 것은 불평등입니다.

스탠퍼드 이미 문제로 떠올라 있어요. 가진 자와 못 가진 자의 큰 격차는 역사상 유례없이 현저해서 당연히 사회도 관심을 갖고 있습니다. 상황은 점점 더 나빠질 거라고 생각해요.

야스다 새로운 기술혁신이 원인인가요?

스탠퍼드 누적 효과의 결과가 아니겠어요? 네트워크 효과나 누적 효과에 관해서는 많이 논의되어 왔는데요. 실리콘밸리도 누적 효과의 혜택을 받아 성공이 또 다른 성공을 부릅니다. 구글, 페이스북, 아마존 등은 보유하는 데이터가 늘어나면 더 좋은 서비스를 제공할 수 있고, 서비스가 좋아지면 이용자가 늘어납니다. 이용자가 늘어나면 데이터가 더 많이 늘어나고요. 가진 자와 못 가진 자도 마찬가지예요. 가진 자는 자본도 정보도 더 많이 갖고 있으며 더 큰 네트워크를 확보해 성공을 위한 조건을 갖추고 있어요. 자연스럽게 성공을 이끌어 낼 수 있습니다.

그러한 시장에 진입하는 데 제한 규정은 없습니다. 하지만 진입해서 사업을 펼치는 데는 확실히 장애물이나 고난이 있지요. 정답은 잘 모르겠습니다. 하지만 어떤 일을 진척시키려는 사람들 앞에 장애물을 설치하는 것은 정답이 아니라고 생각해요. 지름길처럼 보일지 모르지만 그렇지 않아요. 이 변화 속도를 늦출 수는 없으며 늦춰야 하는 것도 아닙니다. 인정하고 받아들인 다음 대안을 모색해야 합니다.

야스다 새로운 기술혁신이 불평등을 완화시킬 가능성은 있다고 보십니까? 혹시 실리콘밸리 커뮤니티에서 나온 새로운 아이디어나 기술혁신이 있는지요?

스탠퍼드 저는 새로운 기술혁신이 격차 자체를 없애 줄 거라고는 생각하지 않습니다. 하지만 전체의 최저 수준을 끌어올릴 수는 있을 거예요.

오늘날 자원을 충분히 갖고 있지 못한 계층의 삶을 생각해 보면 수백 년 전보다 훨씬 나은 생활을 하고 있습니다. 오락도 가능하고 살 집도 있고 먹을 것이 없어서 고생하는 일도 잘 없어요. 옛날 사람들이 땀 흘려 가며 필사적으로 얻고자 하던 것을, 이제는 경제적으로 하층에 속하는 사람들도 갖고 있어요. 물론 아직 여러 문제는 남아 있고 시스템에 허점은 있습니다. 하지만 전체적으로 보면 삶의 질은 개선되었어요. 앞으로도 훨씬 좋아질 거라고 생각합니다.

새로운 기술혁신이 일어나면 서비스 비용이 내려갑니다. 그러면 그때까지 손이 닿지 않았던 것을 손에 넣을 수 있게 됩니다. 우버가 그렇지요. 어디를 가는 데 누군가 개인이 운전해 주는 차를 타고 갈 수 있다니, 오랫동안 극히 일부의 부자들밖에 할 수 없었던 일이었지요. 그것이 지금은 평범한 사람들의 이동 수단이 되었습니다. '누군가가 차를 태워준다'는 것이 당연해진 거예요.

그러므로 기술혁신은 우리 사회에서 격차를 완전히 없애지는 못하더라도 전체 구성원을 더욱 편리하고 풍요롭게 만들어 줄 수는 있다고 생각합니다.

"인공지능으로 고도로 자동화된 시스템으로 변화하는 과정에서, 자본주의의 유효성이 문제되는 날이 반드시 올 겁니다. 지금과는 다른 사회 시스템이 필요하겠지요."

돈만큼이나 새로운 동기도 중요하다

야스다 이제 마지막 질문입니다. 스탠퍼드 대표님에게 돈은 무엇인가요?

스탠퍼드 글쎄요. 무엇에 가장 만족감을 느끼느냐는 사람마다 다르겠지요. 분명히 돈은 그중 하나겠지만, 유명해지는 것이 살아가는 보람인 사람도 아주 많잖아요. 오늘날 소셜미디어에서 보다 많은 사람에게 '좋아요'를 받기 원하는 사람이 많은 것은 자연스러운 현상이라고 생각해요. 페이스북이나 인스타그램이 크게 성공한 이유가 바로 거기에 있을 겁니다. 모두 다른 사람에게 관심과 사랑을 받고 싶어 하거든요.

돈 외에도 그런 뭔가가 있을 겁니다. 사회에 대한 영향력을 수치화하는 '통화'가 있다면 재미있을 것 같지 않으세요? 약간 공상적이고 바보 같이 들릴지 모르지만, 만약 그 통화가 사회적 역할을 착실하게 하는 사람들에게 인정받고 그들에게 대가로 주어진다면 재미있을 거예요.

인간이란 그런 존재 아닐까요? 지금 당장 하고 있는 일이 아니라 뭔가 다른 일을 시작하는 동기가 될 만한, 돈이 아닌 뭔가 다른 기준을 만들어 내는 창의적인 방법이 있을 겁니다.

야스다 네, 말씀 감사합니다.

새로운 시대, 테크놀로지의 전도자

실리콘밸리. 언제부턴가 자주 듣게 된 이름이다. 이름을 풀어서 설명하면 '반도체의 계곡' 정도가 될까? 전 세계 IT 산업 열기의 근원지인 실리콘밸리는 대체 어떤 곳이며 어떤 사람들이 일하고 있을지 예전부터 막연하게 궁금했다.

그림으로 그린 듯이 수려한 용모를 지닌 스콧 스탠퍼드는 머리를 올백으로 넘기고 성큼성큼 걸으면서 당당한 모습을 드러냈다. 그는 전 골드만삭스의 투자가이자 창업자이며 우버에 투자한 일을 계기로 공동 경영자 셔빈 피셔버와 만나 샌프란시스코 초입의 실리콘밸리에 자신들의 투자 회사를 설립했다. 세련되고 친근감 있는 몸짓이 무척 인상적인 그는 푸른 눈동자 깊숙한 곳에서 심

상치 않은 정열이 살짝 엿보였다. 그와의 대화를 통해 새로운 가치를 끊임없이 창출해 내는 실리콘밸리의 성공 비밀에 접근할 수 있겠다는 느낌이 왔다.

"테크놀로지의 진화는 멈출 수 없으며 멈추게 해서도 안 됩니다." 거의 두 시간에 걸친 인터뷰를 하나의 메시지로 집약시키면 이 말이 될 것이다. 삶을 더욱 풍요롭게 만드는 애플리케이션 개발, 완전한 자율주행 기술, 뇌 기능을 확장시키기 위한 삽입 장치 등 이러한 최첨단 기술이 그다지 멀지 않은 미래에 실현되고 세계로 확산될 것이라는 사실을 그와 나눈 대화를 통해 생생하게 상상할 수 있었다.

"테크놀로지는 불평등을 완화할 수 있습니까?" 야스다 씨의 질문에 그는 이렇게 대답했다. "그것은 테크놀로지의 역할이 아닙니다. 하지만 인류의 생활수준을 보다 끌어올릴 수는 있으며 실제로 그렇게 해 왔지요." 나는 그 대답을 듣고 '그런 식의 진보라는 개념조차 환상일지도 모르잖아'라는 생각이 들었다. 하지만 테크놀로지에 대한 강하고 뜨거운 신념을 토로하는 그의 이야기를 듣고 있는 동안, 현실의 기술 수준은 이미 상상의 범주를 넘어섰다고 판단하지 않을 수 없었다.

취재가 끝나고 그가 소중히 여기는 테슬라 자동차에 동승했다. 그는 직선 도로에서 느닷없이 "'IN-SAFE MODE'로 달려 볼까요?" 하더니 조작 패널의 버튼을 터치했다. 그 순간 차는 소리도 없이 속도를 급가속시켜 순식간에 훨씬 앞에 있던 차에 바짝 다가갔다. 그는 앞차에 충돌하기 직전에서야 아무렇지도 않은 표정으로 브레이크를 밟고는 "굉장하지요?" 하고 웃는다.

자신감 넘치는 긍정적인 태도로 테크놀로지에 대한 애정을 쏟아내는 스콧 스탠퍼드. 그의 성공에 부러운 마음이 드는 한편, 천진난만한 모습에는 아주 약간 불안도 느꼈다. 신이 사라진 시대, 오늘날 테크놀로지는 종교다. '금단의 열매' 맛을 알아버린 인류는 앞으로 어디까지 진보의 바다를 헤쳐 나아갈 것인가. 미래는 어쩐지 두렵기도 하지만, 역시나 눈으로 직접 보고 싶다.

오니시 하야토

CAPITALISM

GDP 지상주의를
넘어서

| 토마스 세들라체크 · 고바야시 요시미쓰 |

고바야시 요시미쓰

小林喜光

1946년 생으로 현 미쓰비시 케미컬 홀딩스 회장이다. 이학 박사 출신으로 일본 재계 4대 단체 중 하나인 경제동우회 대표 간사를 맡고 있으며, '철학자 경영인'으로 잘 알려져 있다.

CAPITALISM

고바야시 세들라체크 선생님은 《선악의 경제학》에서 성장자본
주의에 회의를 드러내셨는데요. 저도 그 의견에 동감합니다. 일본
정부는 GDP를 2020년까지 600조 엔으로 올리겠다는 목표를 내
세우고 있습니다만, 그렇다면 그 다음에는 1,000조 엔을 목표로
하겠다는 것일까요? GDP의 무한한 성장을 전제로 한 논의에는
위화감을 느낍니다.

이 책은 메소포타미아와 그리스 시대부터 이어져 내려온 역사
와 철학, 유대교와 그리스도교를 비롯한 종교, 그리고 심리학을
포함한 전반적인 인간학으로서 경제학을 다루고 있어서 무척 신
선하더군요.

세들라체크 오늘날 많은 사람들이 성장자본주의로만 내달리고 있는 데 우려를 가지고 있습니다. 저는 매일 시간을 내서 철학책이나 다른 인문서를 읽고 있는데 경제학과 철학, 역사 등 다양한 학문 영역을 하나로 이어 주는 책을 집필하고 싶었어요. 경제학에 관심 있는 모든 이에게 단순히 개별 학문으로서의 경제학이 아니라, 철학을 비롯해 다양한 관점을 통해 보고 배우고 느낄 수 있는 내용을 쓰고 싶었지요.

지금의 경제성장은 모두 빚이다

고바야시 《선악의 경제학》은 길가메시 서사시부터 헤브라이, 그리스도교를 둘러싼 역사와 사상적 배경을 매우 훌륭하게 파악하고 있습니다. 헤브라이 사람들에게 시간은 신만이 가진 것이기에 대출금에 이자를 붙이는 일에 대해 부정적이었다는 설명에는 정말 감탄했어요. 마침 공교롭게도 일본은 최근 마이너스 금리 정책을 시작했습니다.

세들라체크 마이너스 금리는 세계경제의 실태와 맞지 않는 불합리한 제도라고 생각합니다. 정부는 재정 정책과 금융 정책이라는 두 개의 약을 주사함으로써 경제를 생각대로 조종할 수 있다고 생각할지도 모르겠지만, 그건 불가능합니다.

고바야시 가장 인상적이었던 것은 GDP의 'D'를 '부채^{Debt}'로 해석한 부분이었습니다. 실제 상황은 국내 총생산$^{Gross\ Domestic\ Product}$이 아니라 채무 총생산$^{Gross\ Debt\ Product}$이 아니냐고 지적하신 것 말입니다.

부채를 얻어 재정을 충당하면 GDP는 물론 늘어나겠지만 채무도 함께 늘어납니다. 재정 정책과 금융 정책이라는 약으로 경제를 계속 자극한다고 해도 지속적인 효과는 기대할 수 없어요. 나중이야 어떻게 되든지 오늘만 좋으면 된다는 식의 사고를 버리고, 국가 경제를 백 년 계획으로 구상해야 한다고 시사하신 걸로 이해했습니다.

세들라체크 20세기에 케인스가 제창한 금융 정책과 재정 정책에 따른 경기 자극에 대해서는 당초부터 경제가 '자극제 의존증'에 빠질지도 모른다는 반론이 있었습니다. 지금은 그 자극제로서 유효한 정책조차 찾아내지 못하고 있어요.

고바야시 성장을 거듭해 온 선진국에서는 이제 실물경제의 면에서 성장할 여지가 별로 없습니다. 그럼에도 성장을 위한 새로운 분야를 개척하고 싶다면 바로 인터넷 공간에서 추구해야 한다고 생각합니다. 이제는 단순히 물건을 소비해 만족을 추구하는 것이 아니라 진짜 행복을 얻기 위해 정신적인 가치를 모색해야 할 시기가 온 건지도 몰라요.

세들라체크 경제는 계속 추상화되고 있으며 사람의 욕망도 현실 세계에서 가상 세계로 옮겨 가고 있습니다. 저는 어린 시절을 사회주의 국가인 체코슬로바키아에서 보냈는데, 당시에는 사람들이 수요를 충족시킬만한 물건을 손에 넣을 수가 없었습니다. 하지만 현대의 경제는 반대로 수요 부족과 공급 과잉의 문제를 안고 있지요.

고바야시 공급 과잉은 21세기 경제의 대표적인 특징 중 하나라고 할 수 있습니다. 그렇다면 GDP를 국가 경제의 유일한 척도로 삼아, 그 최대화를 목표로 해 온 기존의 방식이 잘못되었던 것일까요?

세들라체크 하나의 지표만 보고 경제를 운영하면 정책에 부작용이 생기고 경제는 불안정해집니다. 자동차 성능을 오직 최고 속도로만 판단할 수 없듯이, GDP 같은 물질적이고 양적인 성장만 추구하는 성장자본주의의 함정에 빠지면 그리스처럼 국가 재정의 파탄이 닥칠 수 있습니다.

현대 경제는 지금까지 사회적 안정을 희생함으로써 성장하는 시스템을 만들어 왔지만, 이는 한순간에 붕괴될 위험성을 내포하고 있어요. 빚으로 쌓아 올린 성장과 부는 모두 허상입니다. 언제 어디서 무너질지 모르는 허상이지요. 지금은 성장보다 안정을 추구해야 합니다.

사실 저는 성장에 무조건 반대하는 입장은 아닙니다. 어디까지나 환경이 좋다면 성장을 목표로 하는 게 좋다고 생각하니까요.

다만 언제나 화창한 날만 계속될 수는 없다는 점을 명심해야 됩니다. 미국 경제는 리먼브라더스 사태 직전까지는 훌륭한 성장을 해 왔습니다만, 결국 맹렬한 속도로 벽에 충돌한 것 같은 심각한 붕괴 사태를 맞이하고 말았어요.

고바야시 부채를 제로로 만들고 조금씩이라도 안정적으로 성장해 나가는 것이 이상적이라는 말씀이신가요?

세들라체크 그렇습니다. 예를 들어 보겠습니다. 은행에서 1,000만 엔의 융자를 받은 사람이 있다고 '당신은 이제 부자가 되었다'고 말한다면 참으로 어처구니없는 일이지요. 그런데도 국가 경제에 대해서는 부채를 잔뜩 진 채로 GDP 3퍼센트 성장을 달성했다고 하면 모두가 축하 박수를 칩니다. 이런 모습은 조금 이상하지 않은가요?

자극제는 의사가 생명을 구할 용도로 사용한다면 괜찮지만 스포츠 선수의 지속적인 경기력 향상을 위해서는 사용할 수 없습니다. 경제가 도핑과 다름없는 일을 하는데도 아무런 문제가 되지 않는 현상이 오히려 이상한 거지요.

"빚으로 쌓아 올린 성장과 부는 언제 무너질지 모르는 허상입니다."

고바야시 채무의 확대는 리먼브라더스 사태와 같은 상황을 다시 초래할 수 있어 지속성 면에서 위험하다는 의견에 동의합니다. 그렇다면 어떻게 해야 자극제 의존 상태에서 빠져나올 수 있을까요?

세들라체크 수많은 국가가 부채를 상환하기 위해 한층 더 부채를 지는, 의존증을 앓는 사람들의 전형적인 패턴에 빠져 있어요. 정부가 돈을 만들어 낼 수 없다고 해서 부채를 얻어야 하는 것은 아닙니다. 세금이 낮지도 높지도 않게 균형을 잡는 것이 중요하며 지금과 같이 세계 각국들이 서로 세율을 낮추는 경쟁을 해서는 안 됩니다.

고바야시 일본은 국가가 큰 빚을 안고 있어도 시민들이 그 이상의 가계 자산을 가지고 있기 때문에 전체적으로 적자는 아니라는 의견이 있습니다. 포퓰리즘은 아니지만 국가는 세금을 낮추는 대신 부채를 늘려 가고, 한편으로 시민들은 저축을 해서 자산을 늘려 왔습니다.

세들라체크 그래도 저는 예산을 집행할 때 세출입을 균형 있게 하지 않고 낮은 세금 정책을 내세워 인기를 얻으려는 정치가를 존경할 수 없습니다.

고바야시 부채뿐만 아니라 테크놀로지의 발전으로도 경제성장을 이룰 수 있습니다. 물론 대처해야 할 부작용도 있겠지만, 지금까지는 테크놀로지가 사람들에게 많은 효용을 가져다준 것은 틀림없어요.

또한 오늘날에는 사람의 육체를 대신하는 로보틱스나 뇌를 대신하는 인공지능이 발달하고 있습니다. 4차 산업혁명이라고 불리는 이러한 기술과 사회 시스템의 혁신이 이끄는 새로운 시대에는 지금까지와 다른 경제학이 필요하다고 생각하는데요.

세들라체크 분명 인류가 가상 세계로 대대적인 이동을 시작한 게 아닐까요? IT 세계에는 클라우드^{Cloud}● 라는 개념이 있습니다. 사실 사람들은 몇 백 년 또는 몇 천 년 전부터 그런 구름 위에 있는 천국과 같은 세계를 생각했습니다. 물론 현실화된 그 세계에서는 물리적인 세계를 만들 수 없지만 대신 가상의 세계에서 우리의 다양한 욕망을 다루게 됐지요.

고바야시 전체 경제량을 측정하는 데는 허수 부분$^{Imaginary\ Part}$을 계산해야 하는 것 아닐까요? 다시 말해 전체 경제량은 곧 물질^{Atom}과 같고, 이는 다시 정보^{Byte} 그리고 정보가 인터넷을 통해 움직이는 허수 단위의 곱과 같다는 'z=a=bi'라는 복소수식으로 나타낼 수 있습니다.

세들라체크 무척 흥미로운 발상이네요. 인터넷 공간이라는 가상 현실을 만들어 낸 기술 세계에서는 아이비엠, 마이크로소프트, 구글이

> **클라우드**
> 데이터를 인터넷과 연결된 중앙 컴퓨터에 저장, 인터넷을 통해 언제 어디서든 저장된 데이터를 이용할 수 있도록 하는 서비스.

라는 마치 신화 속에 나오는 거인 타이탄과 같은 세 회사의 전쟁 같은 경쟁이 있었습니다.

재미있는 것은 세 회사가 집중하고 있는 것이 모두 가상 현실을 이끌어 내는 기술이라는 것은 공통점이지만, 아이비엠이 만든 것은 컴퓨터라는 물리적인 하드웨어고 마이크로소프트가 만든 것은 컴퓨터를 누구나 손쉽게 사용할 수 있게 하는 소프트웨어 프로그램이라는 점입니다. 소프트웨어는 물건이 아니라 시스템이지요. CD 등의 기억 장치에 복사된 것을 구입하거나 인터넷 공간에서 내려 받거나 할 수 있어요. 그리고 마지막으로 구글이 만든 것은 가상 현실 세계를 자유롭게 오갈 수 있는 검색 엔진이에요. 이것은 상자에 넣어 매매할 수도 없는, 완전히 가상 현실 세계에서의 발명품입니다.

지적하신 대로 인터넷 공간은 수요 부족으로 고민하고 있는 우리의 현실 세계와는 다른 가상 현실 세계에서 새로운 수요를 창출하고 있어요. 옛날 인류에게 부는 물질적인 풍요일 뿐이었지만 인터넷 공간이 등장하면서 물건이 아닌 추상적인 풍요가 생겨난 겁니다.

고바야시 하지만 만약 45년 정도 후에 인공지능이 인간의 능력을 초월하게 되는 특이점을 맞이했을 때를 생각해 보면, 과연 인간은 무엇인가? 무엇을 행복이라고 하는가? 이런 심각한 의문에 맞닥뜨리지 않을까요?

세들라체크 인공지능이 인간에게 해를 끼칠지도 모른다는 걱정은 있습니다. 하지만 그렇다고 당장 우리 모두가 인터넷 접속이나 IT 이용을 그만둘 수는 없어요. 따라서 인공지능의 발전을 멈추게 할 방법은 없습니다. 그것은 채무의 문제점을 잘 알면서도 점점 늘려 나가는 것과 마찬가지로 사람의 습성 같은 거라고 생각해요.

공유지 정신을 되새기자

고바야시 《선악의 경제학》이라는 책 제목 말인데요, 경제학에서 무엇이 선이고 무엇이 악일까요?

세들라체크 주류 경제학자들은 경제학이 선도 악도 아닌 중립적인 숫자 세계의 학문이라고 주장해 왔습니다. 하지만 저는 경제학에 이데올로기가 있고 좋은 영향도 나쁜 영향도 있기에 결코 중립이 아니라고 생각합니다.

고바야시 그렇습니다. 예컨대 마르크스 경제학도 일종의 이데올로기였지요. 그리고 최근에는 물리학처럼 객관적 사실을 부각시키는 수식이나 통계적인 수치를 다루는 계량 경제학이 활개를 치고 있습니다.

세들라체크 제 책에 경제학 이론이나 수식이 하나도 등장하지 않습니다. 이론과 수식만으로 현실과 사물을 바라보고 판단하는 것은 바람직하지 않아요. 윤리에 관한 책인 《도덕감정론》과 자본에 관한 책인 《국부론》을 모두 저술한 애덤 스미스와 같이 정성定性과 정량定量의 균형을 유지해야 합니다.

고바야시　저는 기업의 안정을 위해서 세 가지 축을 염두에 둔 경영을 생각해 왔습니다. 자기자본이익률Return On Equity*과 자본효율향상의 X축, 기술혁신 창출의 Y축, 그리고 이산화탄소 감소 등 환경 보전과 사회 공헌의 Z축, 이렇게 세 가지입니다.

국가의 가치도 GDP 성장이라는 X축 하나만이 아니라 혁신적인 과학 기술과 사회 시스템, 그리고 환경과 지속 가능성을 포함한 세 가지 축에서 생각해야 합니다.

세들라체크　회사도 자기 이익만 추구해서는 더 이상 사회의 구성원이 될 수 없어요. 사회라는 공유지*에서 이익을 얻는 것이니만큼 환경과 문화 등 여러 가지 문제를 고려해서 행동해야 할 책임이 있습니다.

고바야시　애초에 현재의 GDP 중심 경제정책에는 많은 과제가 있습니다. 예를 들면, 오늘날 대부분의 사람들이 사용하는 휴대폰은 1970년대 고가의 컴퓨터에 비하면 압도적으로 성능이 좋고 사용자 효용성도 대폭 커졌습니다. 그런데 GDP로 양자를 비교하면 수만 엔 차이밖에 측정되지 않아요. 또한 일부 인터넷으로 이루어지는 거래도 측정되지 않습니다.

세들라체크 GDP는 본래 국가의 부를 측정하는 기준이 아니라 경제적 활동을 측정하기 위한 지표입니다. 영화 〈반지의 제왕〉에서 엘프 종족이 살고 있는 땅은 새로운 것을 창조하지는 못합니다. 다시 말해서 제로 성장 상태지만 물려받은 풍요로운 환경이 갖춰져 있어서 살아보지 않고서는 결코 알 수 없는 매력이 넘쳐납니다. 그 세계에서는 사회적 부와 GDP가 서로 관계가 없어요. 바로 거기에 우리가 배울 점이 있는 게 아닐까요?

고바야시 일본에는 상거래가 판매자와 구매자에게 이로울 뿐 아니라 사회에도 도움이 된다는, 에도시대 상인 특유의 경제 이념이 있습니다. 자신만 돈을 버는 게 아니라 공유지를 중요하게 여기는 철학이에요.

수렵 사회에서 이긴 자가 모든 것을 차지하는 사고방식이 강한 서양이나 중동에 비해, 좁은 토지에서 쌀을 수확해 온 농경 사회인 일본의 전통은 설사 마을의 법도를 어긴 사람이라도 따돌리는 행위를 싫어하고 서로 나누며 살아가는 데 익숙합니다. "인간은 사회적 동물"이라고 말했던 아리스토텔레스적 사고가 강했던 거죠. 다만 서양 문명이 본격적으로 들어온 이후에는 일본도 상당히 성장 이데올로기에 물들게 되었죠.

세들라체크 그렇습니다. 구약 성서에 나오는 아벨을 살해한 카인의 이야기처럼 현대사회는 난폭성에 의해 온화하고 유익한 문화를 잃어버렸습니다. 우리는 이미 단순한 물질적 경제성장에는 매력을 느끼지 못하게 되었어요. 이제 새로운 이데올로기와 신앙이 필요한 시대인 거죠.

고바야시 그 새로운 움직임을 보여주는 것이 태어날 때부터 전자 기기에 둘러 싸여 자라 디지털 네이티브Digital Native라고 불리는 미국의 밀레니얼 세대Millennial Generation*일 겁니다. 일본의 젊은이들도 자동차나 물건에 별로 관심이 없어졌어요.

세들라체크 오늘날에는 사람의 일을 도와주어야 할 새로운 기술로 인해 오히려 바빠지는 역설적인 상황이 나타나고 있어요. 휴대 전화가 그 전형적인 예라고 할 수 있죠. 테크놀로지는 이점도 많지만 과연 정말로 인간을 풍요롭게 했는지는 의문입니다. 그저 의존증을 안겨준 것뿐일지도 모르겠어요.

"GDP뿐만 아니라, 과학 기술과 사회 시스템, 환경과 지속 가능성을 포함한 세 가지 축에서 생각해야 합니다."

세들라체크 선과 악에 관해서 말하자면, 저는 둘이 평등하다고 봅니다. 악은 악으로서의 역할이 있기 때문에 거기 있는 것이죠. 세계에 왜 악이 존재하는가 하는 물음에 대한 대답으로서 세상을 즐겁게 하기 위해서라는 이야기도 있습니다.

고바야시 경제 이야기를 만드는 데는 악도 꼭 필요하다는 말씀인가요?

세들라체크 저는 최근에 신화나 옛날이야기를 조사하면서 악이 존재하지 않는 낙원이나 천국에서 과연 인간은 행복할 수 있는지에 관해 연구하고 있습니다. 결과적으로 인간은 반드시 그 낙원에서 탈출하려고 합니다.

〈매트릭스〉라는 영화가 있었죠? 영화에서 매트릭스란 인간의 뇌를 컴퓨터에 연결해, 그들이 컴퓨터 속 가상 세계를 진짜 세계로 알고 살게끔 만든 시스템입니다. 인간은 컴퓨터에게 부품처럼 이용을 당하지요. 모순적이게도 인간이 살아가는 가상 세계는 악도 없고 병도 없는 낙원입니다. 하지만 진실을 알게 된 주인공들은 그런 가상의 낙원에 사는 것보다 비참하더라도 진짜 현실을 살아가는 쪽을 택합니다. 이것은 중요한 비유입니다. 대부분의 사람들은 낙원에 가고 싶어 하지만, 이처럼 막상 낙원에 가게 되면 다시 거기서 도망치고 싶어 하지요.

고바야시 낙원에서의 인생은 지루하고 힘들다, 즉 사람은 흥미진진한 경험도 갈망하게 된다는 뜻일까요?

세들라체크 일본은 부유한 나라지만 경제성장은 멈추어 있습니다. 하지만 이것이 과연 나쁘기만 한 뉴스일까요? 저는 오히려 갈채를 보내야 하는 상황이 아닐까 하고 생각합니다. 자본주의는 일본이 누리고 있는 모든 것을 가져다 주었어요. 하지만 휴대 전화는 두 대만 갖고 있어도 충분하지요.

고바야시 그렇기는 하지만 고령화로 사회 보장비가 계속 늘어나고 있어 이 문제를 어떻게든 해결해야 합니다. 일본은 GDP의 두 배가 넘는 국가 채무를 안고 있는데, 이 또한 변제해야 하고요. 그러려면 GDP를 더 증가시켜야만 하는 것도 사실입니다.

세들라체크 성장에만 집착하는 오늘날의 자본주의를 비꼬는 대표적인 우화가 있습니다. 한 목장 주인이 소를 키우고 우유를 짜서 생활하고 있었는데, 어느 날 갑자기 우유가 나오지 않는 거예요. 소 주인은 소를 때려눕히고는 "어서 우유를 내놓지 못해!" 하고 다그칩니다. 그러자 소는 이렇게 대답합니다. "저는 평생 당신에게 제 우유를 전부 바치며 살아왔어요. 하지만 당신이 제대로 관리하지 못하는 바람에 용기에 구멍이 나거나 우유가 상해 다 쓸모없게 됐잖아요. 그런데 이제 와서 왜 저를 탓하시는 거죠?"

짜낸 우유를 얼마나 효과적으로 사용할지는 소의 문제가 아니라 우리의 문제입니다. 마찬가지로 고령화 문제를 해결해야 하는 것은 자본주의 시스템이 아니라 우리 자신이라는 사실을 잊어서는 안 돼요. 그리고 무엇보다 자본주의의 위기는 우리가 자본주의로부터 얻을 것이 없어진 게 아니라, 이미 너무 많은 것을 받았다는 데 문제의 원인이 있는 게 아닐까요?

욕망이 만든 자본주의,
이제 어떤 물음을 던질 것인가?

  인간은 흥미로운 생명체다. 모든 사물을 비교하며 이해하는 듯
하다. 자본주의와 사회주의라는 두 개념만 생각해 봐도 그렇다.
어쩌면 자본주의는 아직 사회주의가 한창 힘을 발휘하고 있던 냉
전 시대에, 그들과의 비교를 통해 자신들의 사회 체제를 정의하
기가 더 쉬웠던 게 아닐까? 시장경제나 사유재산 등의 개념을 훨
씬 더 일상적으로 실감할 수 있었던 시대였다고, 격동기를 겪으
며 살아온 세대로서 새삼스레 실감한다.
  그런데 사회주의의 붕괴와 시장경제의 전면화, IT 기술의 발전
까지 맞물린 1990년대 이후에는 글로벌 시장화에 가속도가 붙
어 자본주의 시장경제가 그물망처럼 전 세계를 뒤덮게 된다. 어

쩌면 자본주의의 최종 승리로도 보이는 현실에, 체제의 문제점을 지적하는 비판의 목소리는 점점 더 들리지 않게 된다. 결국 30여 년 가까운 승리의 시간 동안 우리 사회는 보다 많은 문제점들을 마주하게 되었다. 지금이야말로 다시 한 번, 모두가 당연하고 또 명백하게 알고 있다고 생각되는 질문들을 되짚어 볼 필요가 있게 된 것이다. 이런 문제의식을 가지고 이 책에서 우리가 던진 질문은 다음 세 가지다.

과연 자본주의는 무엇일까?
지금 우리는 어떤 세계에 살고 있는가?
자본주의의 규칙은 언제 바뀌었는가?

신이 금지한 금단의 열매를 입에 넣어 낙원에서 추방된 아담과 이브. 그때부터 욕망의 무한 루프는 시작되었다. 그렇다면 자본주의의 기점은 어디에 둘 것인가? 학문적으로 논쟁거리가 있는 주제지만 이자라는 개념 그러니까 시간이 새로운 가치를 창출하는 놀라운 발명품을 하나의 시점으로 생각한다면, 14세기 피렌체 상인들의 이 교활한 아이디어가 기점이 될지도 모른다. 단순한 현재 가치의 교환이 아니라 시간이 부를 낳는 연금술. 그때부터 자본주의는 더욱 역동적으로 시공간을 지배하며 온갖 장벽을 넘어왔을 것이다.

중상주의, 산업자본주의, 포스트 산업자본주의, 그리고 오늘날의 IT 금융자본주의. 이렇게 시간에 따라 자본주의 경제를 움직이는 원동력이 변화해 오면서, 당연히 사회의 형태도 미묘하게 바뀌었고 사회 구성원들의 욕망을 지탱하는 정동情動이나 사고방식도 바뀌었다.

우리는 앞서 세들라체크와의 대화에서 '케인스의 미인 대회 투표'가 오늘날 대중사회라는 현상의 도래를 의미하는 가장 적합한 은유라는 것을 살펴본 바 있다. 이것이 20세기 전반에 걸쳐 경제학 분야에서 생겨난 대중소비사회에 대한 고찰이라고 한다면, 20세기 후반에는 문화인류학 영역에서도 흥미로운 개념이 생겨났다. 바로 프랑스의 문학평론가 르네 지라르Rene Girard가 주창한 '욕망의 삼각형' 개념이다.

이 이론은 인간의 욕망은 주체적인 것이 아니라 타인의 욕망에 대한 모방이며, 우리는 우리 자신이 아닌 다른 사람이 원하는 것을 원하게 된다고 설명한다. 이때 타인은 동일한 대상을 원하는 라이벌이 된다. 주체와 타인, 그리고 욕망의 대상물, 이 셋의 관계가 '삼각형'을 이루는 것이다. 그런데 어마어마한 정보화가 진행된 현대사회에서는 이러한 무수한 '욕망의 삼각형'들이 더욱 빠르고 광범위하게 증식되고 있다. 어쩌면 이러한 거대한 욕망의 블랙홀이야말로 오늘날 자본주의의 원동력이지 않을까 하는 생각에 약간 두려워지기도 한다.

실제로 인류의 오랜 역사를 생각할 때 경제적으로 가장 윤택하고 대중적인 소비도 커진 사회, 더욱이 지구 반대편에 사는 사람들도 인터넷과 SNS를 통해 연결되어 타인이 품은 욕망이 순식간에 세계 곳곳으로 확산될 수 있는 오늘날에 이르러서는, 르네 지라르가 처음 이 개념을 주창한 20세기 후반과도 비교할 수 없을 정도로 이론의 설득력이 점점 더 커지고 있다. 그렇다면 우리가 '원한다'고 말하는 욕망은 대체 어디까지가 우리 자신의 것이라 할 수 있을까?

욕망의 형태는 정말 복잡하게 얽혀 있다. 처음 이 방송을 기획했을 때의 가제는 '욕망의 인셉션'이었다. 영화 〈인셉션〉에 대한 나름의 오마주였다. 현실에 있을 수 없는 대담한 상상과 꿈 이야기를 스크린에 잘 구현해 낸 영화이기에, 오늘날 우리 시대를 덮쳐 오는 거대한 흐름과 감각에 대한 은유로서도 설득력이 있으리라 생각했던 것이다.

영화 〈인셉션〉에서는 꿈의 잠재의식에 파고들어 정보를 훔쳐내고 조작된 정보를 교묘하게 타인의 머릿속에 심는 행위가 그려진다. 나는 그 과정을 보면서, 어쩌면 지금 우리가 '실제'로 보고 있다고 생각하는 사회도 영화에서 묘사한 것처럼 환상일지 모른다는 생각이 들었다.

영화 〈매트릭스〉나 중국 고대 철학자 장자莊子가 말했던 '나비의 꿈' 이야기처럼 오늘날 우리가 가진 욕망의 형태는 문화의 기호가 되어 일상에 늘 소용돌이친다. 우리가 가진 욕망은 과연 우리의 것일까? 우리는 욕망이 '정말로 내가 바란 것'이라고 당연하게 생각하지만, 정말 그런지 진실은 누구도 알지 못한다.

앞서 이야기했던 구약 성서에 나오는 '아담과 이브 이야기'는 바로 타인의 욕망에 사로잡혀 인류가 스스로를 잃게 되는 과정을 다룬다. 합리적으로 생각한다면 굳이 하지 않아도 될 어리석은 행동과 방탕을 저지른 것이다. 문화는 '금기'나 '규범'이라는 이름으로 그런 어리석은 욕망을 억제하지만, 오늘날은 그런 규범 역시 서서히 힘을 잃어가고 있다. 결국 오늘날 우리들 역시 욕망에 사로잡혀 '아담과 이브 이야기'를 형태만 바꿔 가며 계속 반복한다. 물론 이렇게 반복되는 이야기를 여기서 끝낼지, 아니면 계속 이어 갈지는 우리 손에 달려 있다.

그렇다면 여기서 약간 망상이 지나치면 비난을 받게 될까? 하지만 정통 경제학의 세계에서도 거장들은 언제나 당대에 망상가 취급을 받지 않았던가? 실제로 케인스나 슘페터 등 '경제학의 아버지'인 애덤 스미스의 이념을 이어 시대의 흐름과 격투를 벌인 거장들도 '합리적'인 '정상 상태'에서는 설명할 수 없는 사람들의 마음속 깊은 곳에 있는 심리를 읽어 내 대담한 가설을 제시했던 것이다.

예컨대 케인스는 사람들이 화폐에 기대하는 바람을 정식화해 '유동성 선호Liquidity Preference'라는 개념을 만들었으며, 슘페터는 기업가들이 개발 경쟁에 거는 기대를 이론화해 그 경쟁 속에서 부의 원천을 찾고자 한 '기술혁신' 개념을 만들어 냈다.

그러한 개념들 속에 감춰진 물음은 시대의 무의식이라고 할 만한, 사회 안에 잠재되어 있는 욕망을 어떻게 풀어낼 것인가 하는 문제의식이었다. 이러한 이론들도 말하고 있듯이, 분명한 것은 오늘날 자본주의를 움직이는 가장 핵심적인 원동력이 바로 욕망이라는 것이다.

욕망은 지극히 다루기 까다로운 감정이면서 사회 속에서 얽힌 다양한 기대로 표출된다. '원한다'는 감정의 베일을 한 장 벗겨내면 선망, 질투, 탐욕 같은 감정들이 드러날 것이다. 이렇게 드러나는 감정의 배후에는 복잡한 형상의 불순물이 꿈틀거린다. 욕망은 사막에서 물 한 잔을 발견했을 때처럼 생명 유지의 본능에서 생겨나는 바람과는 다르다. 그것은 욕망이 아니라 욕구라고 부른다. 그렇다면 욕망이란 무엇인가? 정신 분석학자 멜라니 클라인 Melanie Klein은 욕망에 얽힌 선망, 질투, 탐욕의 개념에 다음과 같은 정의를 내렸다.

"선망은 자신 이외의 사람이 뭔가 바람직한 것을 자기 소유로 하고 즐기는 데 대한 분노의 감정이며, 선망에 의한 충동은 그것을 빼앗든지 손상시키는 데 있다. 질투는 선망을 근본으로 하고 있지만 적어도 두 명의 인물 관계를 포함하고 있으며 주로 애정과

연관된다. 당연히 자신의 것이라고 믿고 있던 감정을 경쟁자에게 빼앗겼다거나 빼앗길 위험이 있다고 느끼는 데 있는 것이다. 그리고 탐욕은 그 사람이 필요로 하는 이상의 것, 상대도 줄 수 있고 주려는 이상의 것을 바라는 지나칠 정도로 만족을 모르는 갈망이다."

오늘날 우리는 모든 것을 정량화하는 데 익숙하다. 시장에서 사과 한 개, 바나나 한 개를 사는 것을 욕망으로 간주하고 수요 1이라는 식으로 수식화하는 것을 근대 과학이라고 말한다. 하지만 이처럼 모든 것을 객관적인 수치로 설명하려는 근대적 가치관이 의심받는 오늘날에는 욕망 배후에 있는 다양한 기대와 양상을 생각하는 경제학도 필요하다. 일찍이 경제학 분야에서도 소스타인 베블런이 유산 계급의 과시적 소비 양상에 대해 지적한 바 있으며, 최근 행동 경제학 분야에서도 다양한 시도가 이루어져 모든 인간이 '합리적 경제인'이라는 경제학의 전제 조건 역시 수정되고 있다.

하지만 우리가 지금 여기서 다시금 곱씹어 보아야 할 부분은 근대 또는 경제학이라는 말에 지금까지 아무 의식 없이 따라붙은 상투적 문구가 지닌 의미들이다. 게다가 오늘날 인터넷은 지라르가 언급했던 '욕망의 삼각형'의 범주를 전 지구적으로 넓혀 현대 사회를 한층 더 광범위한 '욕망'으로, 즉 지속적으로 끊임없이 타인의 욕망을 욕망하게끔 만드는 새로운 시대를 열고 있다. 그렇다면 그런 새로운 시대를 살아가는 우리는, 혹시 클라인이 선망의 본질을 좋은 것일수록 파괴하려는 감정이라고 규정했던 것처럼 그 파괴적인 감정을 마음속 가장 깊은 곳에 끌어안은 채 살고 있는 것은 아닐까?

이렇게 생각하니 문득 두려워진다. 인터넷을 통해 전 세계가 하나로 연결된 오늘날 대중소비사회에서는 사람들 사이에서 이러한 '선망'의 힘이 더욱 크고 강해질 것이다. 이를 최근 우리 사회는 물론 세계 곳곳 일어나는 현상들, 그러니까 SNS나 인터넷 공간에서 타인에 대한 비난이나 인정 욕구가 확산되는 현상이나, 나아가 전 세계 곳곳에서 벌어지는 자폭테러 현상과 같은 중대하고 심각한 문제들마저 연상하는 것은 지나칠까? 만약 실제로 그러한 현상들이 관계가 있다면, 우리는 이 새로운 시대의 흐름에 어떻게 대처해야 할까?

"원하는 것이 있었으면 좋겠어." 일찍이 거품 시대가 절정이던 1980년대 일본의 한 백화점은 이런 광고 카피를 내걸어서 큰 성공을 거두었다. 이 광고 카피가 의미하는 것은 과연 무엇일까? 풍요 속에서도 사라지지 않는 끊임없는 욕심을 표현하는 목소리일까? 아니면 무언가 부족함을 아는 외침일까? 또는 지라르가 말했던 것처럼 그저 끊임없이 타인이 원하는 것을 탐내는 '모방 욕망'을 부추기는 말에 불과할까? 다양한 의미와 해석의 가능성으로 사람들의 폭넓은 상상을 이끌어 내는 것만으로도 크게 성공적인 광고 카피였다.

거품경제도 끝나고, 이 광고 카피가 등장한 지도 벌써 30여 년이 지났다. 그런데도 오늘날 우리는 '욕망은 왜 사라지지 않을까?' '욕망이 사라지면 나는 끝이다!'라는 상반되는 두 감정 속에서 끊임없이 초조해하며 살아간다. 사회도 이러한 격심한 욕망의 소용돌이 속에서 끊임없이 새로운 시스템을 만들어 내지만, 때로는 그 모든 흐름으로부터 물러나 잠시 멈춰 서서 다른 사람들과 자기 마음속을 들여다보는 일도 반드시 필요하다. 독자들이 이 책을 통해 이러한 고민들을 계속 해주었으면 좋겠다는 바람을 가져 본다.

마지막으로 출연자를 비롯해 이 기획에 함께해 주신 모든 분들에게 감사를 드린다. 특히 이 기획의 문제의식에 깊이 공감하고 진행을 맡아 준 야스다 요스케 교수, 우리가 '돈이란 무엇입니까?' '자본주의란 무엇입니까?' 하고 계속 반복해 던진 질문에도 유쾌하게 즐기면서 대답해 준 스티글리츠, 세들라체크, 스탠퍼드 세 분에게도 깊은 감사 말씀을 드린다. 또한 다소 추상적일 수 있는 주제를 방송 영상으로 멋지게 완성해 준 디렉터 오니시 하야토 씨 외 많은 분들에게도 마음속 깊이 감사의 뜻을 전하고 싶다.

욕망이란 무엇인가? 또 자본주의는 무엇인가? 거기에는 따로 정해진 정답이 있다기보다 몹시 다양한 가능성이 존재할 것이다.

그러한 가능성이 계속 이야기되는 한, 우리들의 질문은 끝나지 않는다.

NHK엔터프라이즈 제작본부

프로그램 개발 총책임 프로듀서

마루야마 슌이치

사진
저작권

들어가는 말

2011년 월스트리트 시위 ⓒDavid Shankbone / Wikipedia (20쪽, 위)

ⓒPaul Stein / Wikipedia (20쪽, 아래)

제1장 심화된 불평등

애덤 스미스 ⓒStefan Schäfer / Wikipedia (33쪽)

토마 피케티 ⓒGobierno de Chile / Wikipedia (34쪽)

제21회 유엔기후변화협약 당사국총회 ⓒPresidencia de la República Mexicana / Wikipedia (40쪽)

산업혁명 ⓒUgis Riba / Shutterstock (51쪽)

로봇 산업 ⓒZapp2PHOTO / Shutterstock (67쪽)

실리콘밸리 ⓒYulia Mayorova / Shutterstock (69쪽)

페이스북 ⓒBenny Marty / Shutterstock (78쪽)

공유경제 ⓒSkyPics Studio / Shutterstock (80쪽)

제2장 빚으로 산 성장의 대가

바츨라프 하벨 ©Jiři Jiroutek / Wikipedia (96쪽)

2008년 세계금융위기 ©David Shankbone / Shutterstock (105쪽)

산업화된 대도시의 야경 ©Barrychum / Wikipedia (121쪽)

과로사 ©aijiro / Shutterstock (129쪽)

폴 크루그먼 ©Prolineserver / Wikipedia (146쪽)

프리드리히 니체 ©BabelStone / Wikipedia (159쪽)

인공지능 ©Phonlamai Photo / Shutterstock (160쪽)

제3장 테크놀로지 시대, 노동의 증발

우버 ©Mr.Whiskey / Shutterstock (180쪽)

사물인터넷 ©NicoElNino / Shutterstock (186쪽)

모건스탠리 ©Americasroof / Wikipedia (191쪽)

구글 ©Uladzik Kryhin / Shutterstock (197쪽, 위)

아마존 ©SeaRick1 / Shutterstock (197쪽, 아래)

애플 ©Uladzik Kryhin / Shutterstock (204쪽, 위)

마이크로소프트 ©Benny Marty / Shutterstock (204쪽, 아래)

드론 ©gualtiero boffi / Shutterstock (209쪽)

자율주행 ©chombosan / Shutterstock (217쪽)

일론 머스크 ©Steve Jurvetson / Wikipedia (218쪽)

찾아보기

옮긴이 김윤경

한국외국어대학교를 졸업하고 일본계 기업에서 무역과 통번역을 담당하다가 일본어 전문 번역가 및 외서 기획자로 방향을 틀어 새로운 지도를 그려나가고 있다. 옮긴 책으로 《모델》, 《사장의 도리》, 《만약 고교야구 여자 매니저가 피터 드러커를 읽는다면—이노베이션과 기업가정신 편》, 《나는 단순하게 살기로 했다》, 《결국 성공하는 사람들의 사소한 습관의 차이》, 《나는 상처를 가진 채 어른이 되었다》 등이 있다.

자본주의 미래 보고서
빚으로 산 성장의 덫, 그 너머 희망을 찾아서

초판 1쇄 인쇄 2018년 4월 13일
초판 1쇄 발행 2018년 4월 20일

지은이 마루야마 슌이치 · NHK 다큐멘터리 제작팀
옮긴이 김윤경
펴낸이 김선식

경영총괄 김은영
책임편집 김대한 **크로스교정** 임소연 **디자인 표지** 황정민 **본문** 이인희 **책임마케터** 이주화, 이승민
콘텐츠개발4팀장 윤성훈 **콘텐츠개발4팀** 황정민, 임경진, 김대한, 임소연
마케팅본부 이주화, 정명찬, 최혜령, 이고은, 이승민, 김은지, 유미정, 배시영, 기명리
전략기획팀 김상윤
저작권팀 최하나, 추숙영
경영관리팀 허대우, 권송이, 윤이경, 임해랑, 김재경, 한유현

펴낸곳 다산북스 **출판등록** 2005년 12월 23일 제313-2005-00277호
주소 경기도 파주시 회동길 357, 3층
전화 02-702-1724(기획편집) 02-6217-1726(마케팅) 02-704-1724(경영지원)
팩스 02-703-2219 **이메일** dasanbooks@dasanbooks.com
홈페이지 www.dasanbooks.com **블로그** blog.naver.com/dasan_books
종이 (주)한솔피앤에스 **출력 · 인쇄** 민언프린텍 **후가공** 평창P&G **제본** 정문바인텍

©2017 NHK Enterprises, Inc.

ISBN 979-11-306-1667-4 (03320)

다산북스(DASANBOOKS)는 독자 여러분의 책에 관한 아이디어와 원고 투고를 기쁜 마음으로 기다리고 있습니다.
책 출간을 원하는 아이디어가 있으신 분은 이메일 dasanbooks@dasanbooks.com 또는 다산북스 홈페이지 '투고원고'란으로 간단한 개요와 취지, 연락처 등을 보내주세요. 머뭇거리지 말고 문을 두드리세요.